Karl Neef

52 Sonntags Kuchen

Konditor-Rezepte zum Selbermachen

HÄDECKE **H** VERLAG

Über den Autor/Impressum

Karl Neef ist am 28. Oktober 1943 in Nürnberg geboren. Mit 14 Jahren fängt er eine Konditorenlehre an.

Nach zweijähriger Gehilfenzeit beginnt er einen mehrjährigen Studienaufenthalt im Ausland. Stationen sind u. a. die Schweiz, Amsterdam und schließlich mit der »Nieuw Amsterdam« der Holland-Amerika-Linie die USA, Karibik und Südamerika.

1966 absolviert er in Nürnberg die Konditormeisterprüfung.

Im gleichen Jahr heiratet er seine ebenfalls aus einer alteingesessenen Konditorenfamilie stammende Frau Ingrid, die ihn heute als gelernte Konditorin in der eigenen Confiserie in Nürnberg unterstützt.

Heute gilt Karl Neef als einer der ideenreichsten und kreativsten Konditoren in Deutschland, das Gourmet-Magazin VIF nennt ihn den besten Lebkuchenbäcker in unserem Lande, und der »stern« bezeichnet ihn als »Star unter den Lebküchnern«.

Seine Eigenschöpfungen werden laufend in der internationalen Presse vorgestellt, das Fernsehen hat bereits mehrmals aus der Neef'schen Backstube Sendungen übertragen.

»Das Nürnberger Weihnachtsbackbuch«, seine erste Buchveröffentlichung, wurde in der Fachwelt stark beachtet und ist in vielen Haushalten zum unentbehrlichen Nachschlagwerk geworden, wenn es um Klein- und Feingebäck geht. Mit seinem jetzt vorliegenden zweiten Werk »52 Sonntagskuchen« wendet sich Karl Neef an Hausfrauen und Hobbykonditoren, die rund um's Jahr nach neuen und bewährten Backideen suchen, und er bricht eine Lanze für die sonntägliche Familien-Kaffeetafel.

Unser Umschlagbild zeigt (von vorne nach hinten) auf der Titelseite: Beschwipster Orangenkranz, Seite 14, Ingwerkuchen, Seite 24 und Maibombe, Seite 55.

Auf der Hinteren Umschlagseite sind abgebildet: Florentiner Kirschkuchen, Seite 32, Rhabarberstrudel, Seite 44, Heidelbeertraum, Seite 77 und Käsekuchen, Seite 31.

ISBN 3-7750-0179-4
Fotos: Foto Design Bruno Hausch, 8000 München.
Styling: Ingrid Neef
© Walter Hädecke Verlag, 7252 Weil der Stadt, 1988.
Nachdruck, auch auszugsweise, nur mit Genehmigung des Verlages. Alle Rechte vorbehalten.
Printed in Germany.
Satz: Fotosatz Schmid GmbH, 7252 Weil der Stadt.
Druck: Neue Stalling, Oldenburg, 1990.

Liebe Leserin, lieber Leser

Ein guter Sonn- und Feiertagskuchen gehört doch zu den besten Genüssen des Lebens. Wer denkt nicht gerne an köstliche Kaffeestunden bei Mutter oder Großmutter zurück, erfüllt von zartem Kuchenduft, vermischt mit dem Aroma frisch gepflückter Erdbeeren oder knackig frischer Kirschen. Oder an einen wahrhaftigen Traum aus Heidelbeeren, den es in jenem gemütlichen Waldcafé im Urlaub gab, oder an einen besonders luftigen Käsekuchen in einer kleinen Konditorei.

Damit Sie sich solche und noch viel mehr Kuchenträume an jedem Sonntag im Jahr erfüllen und selber backen können, habe ich dieses Buch geschrieben. Die Rezepte habe ich im Jahreskreis von Januar bis Dezember zusammengestellt und dabei darauf geachtet, daß Sie eine möglichst bunte Vielfalt an fruchtigen und trockenen, üppig sahnigen und einfach herzhaften Kuchen und Torten vorfinden.

In den Wintermonaten bieten sich neben den würzigen und schwereren Kuchen auch fruchtige an, mit Orangen, Datteln, Nüssen und Äpfeln. Dann folgt ein riesiges Osternest zum Aufessen, und danach kündigen schon die ersten Bilder mit frischem Rhabarber den Frühling an. Von da an können Sie bis in den späten Herbst fast Woche für Woche leckere Kuchen mit Obst und Beeren der Saison backen, und zwischendurch gibt es auch ein paar trockene Kuchen, damit jeder zu seinem Recht kommt. Absichtlich sind die Rezepte nach Fruchtsorten geordnet, damit Sie, wenn beispielsweise die Erdbeeren oder Kirschen reif sind, gleich eine Auswahl von mehreren Rezepten finden, ohne lange blättern zu müssen.

Von den vielen Rezepten, die mir in fast dreißig Berufsjahren begegnet sind, habe ich für Sie die besten und schönsten ausgewählt und so bearbeitet, daß sie im Haushalt ohne Schwierigkeit nachvollzogen werden können. Um dabei auf Nummer Sicher zu gehen — denn als Profi setzt man vielleicht Kenntnisse voraus, die für einen Hobbybäcker nicht selbstverständlich sind —, ließ meine Frau Ingrid, selbst gelernte Konditorin, zusätzlich Hausfrauen unterschiedlichster Backerfahrung alle Rezepte mehrmals nachbacken. Es gab kleine Unterschiede, aber keine nennenswerten Probleme. Diesen Hausfrauen, die mich auch schon bei meinem »Nürnberger Weihnachtsbackbuch« unterstützten, gilt mein herzlicher Dank.

Bei allen Rezepten habe ich versucht, den Arbeitsaufwand so gering wie möglich zu halten, denn das Backen soll Ihnen ja Freude machen. Natürlich gibt es auch schwierigere und zeitaufwendigere Rezepte, aber dann lohnt sich der Aufwand, wie ich meine. Zudem habe ich an vielen Stellen Tips aus meiner Berufserfahrung gegeben, die Ihnen helfen Zeit zu sparen oder einen Kuchen geschmacklich noch zu verfeinern. Der Untertitel unseres

Buches »Konditorrezepte zum Selbermachen« soll schließlich halten, was er verspricht!

Als Konditor weiß ich, wie wichtig die Qualität der Zutaten für das gute Gelingen eines Kuchens ist. Ich meine, wenn Sie sich schon die Zeit nehmen, einen Sonntagskuchen zu backen, knausern Sie nicht bei den Zutaten. Und wenn schon Kalorien — und die hat nun einmal jeder Kuchen in mehr oder weniger geballter Fülle —, dann doch bitte vom Feinsten.

Frische Zutaten sind für jeden Kuchen das A und O. Alle sind im Lebensmittelhandel erhältlich. Früchte schmecken dann bei uns am besten, wenn sie hierzulande Saison haben. Daran orientieren sich auch meine Kuchenvorschläge. Ganz besonders liegt mir auch die frische Butter am Herzen. Sie verleiht Ihren Kuchen, vor allem denen mit einem Buttermürbteig, einen unvergleichlich guten Geschmack.

Für die Kuchenformen habe ich Ihnen als Anhaltspunkt die Größen der von mir verwendeten Formen angegeben. Anhand dieser Maße können Sie sicher mit Ihren vorhandenen Blechen und Kuchenformen arbeiten. Ein *Backblech*, eine *Springform* oder ein *Tortenring*, eine *flache, runde Kuchen-* und eine *Gugelhupfform*, vielleicht noch eine *Kastenform*, sind als Grundausstattung schon ausreichend.

Die angegebenen Backzeiten und Temperaturen können für Sie nur Richtwerte sein. Da jedes Backofenmodell etwas anders bäckt, sollten Ihre Erfahrung oder die Herstellerangaben Vorrang haben. Ein *Gugelhupf* oder *Sandkuchen* z. B. benötigt, unabhängig vom jeweiligen Rezept, fast immer die gleiche Zeit. Wenn Sie also den Wert für Ihren Backofen bei einem Rezept ermittelt haben, gilt er automatisch auch für die anderen. Ein Biskuitboden wird im wahrsten Sinne des Wortes nach Gefühl gebacken: Er wird von oben leicht betastet. Wenn er federt, ist er fertig. Ein *Mürbteig* wird nach Farbe gebacken: Goldgelb bedeutet gar. Wird ein *Fruchtbelag* mitgebacken, hebt man den Kuchen mit dem Messer etwas an, um darunter zu schauen. Ist er goldgelb, kann er aus dem Ofen genommen werden. Sie merken, wir sind schon mitten in der Praxis des Kuchenbackens. Weitere Tips finden Sie bei den Rezepten, und Grundlegendes, das für viele Kuchen gilt, bei den Grundrezepten für Hefe-, Biskuit-, Sand- und Buttermürbteig am Anfang des Buches.

Mein Freund Bruno Hausch hat auch dieses Mal sein meisterliches Können unter Beweis gestellt, um Ihnen mit wunderschönen Farbtafeln nicht nur den Mund wässerig zu machen, sondern auch ganz konkrete Arbeitsvorlagen zu liefern, die oft mehr aussagen als viele Worte.

Ich wünsche Ihnen ein gutes Gelingen, viel Freude beim Backen und köstliche Kuchengenüsse an allen Sonn- und Feiertagen und wann immer Sie Gäste, die Familie oder sich selbst mit einem selbstgebackenen Kuchen erfreuen wollen.

Ihr

Karl Neef

GRUNDREZEPTE

Mengen und Gewichte:

Mehl:
1 gestrichener Eßlöffel = ca. 10 g
1 gehäufter Eßlöffel = ca. 15 g
Stärkepuder (Speisestärke):
1 gestrichener Eßlöffel = ca. 10 g
1 gehäufter Eßlöffel = ca. 15 g
Backpulver:
1 Päckchen = 15 g
Zucker:
1 gestrichener Eßlöffel = ca. 20 g

Sahne:
1 Eßlöffel = ca. 20 g
Eier:
Für die Rezepte wurden Eier der
Gewichtsklasse 4 verwendet.
Hefe:
1 Würfel = 42 g
Die Grammangaben für Hefe gel-
ten für frische Backhefe.
Mehl: Weizenmehl Type 405

Für das genaue Abmessen der Zutaten ist ein Meßbecher oder eine Kü-
chenwaage zu empfehlen.

Hefeteig

Mengenangaben:
siehe Rezepte

Zwei Arten Hefeteig unterscheidet man im wesentlichen, einen leichten und einen schweren.

Der leichte Hefeteig wird für alle Blechkuchen verwendet. Unter Blechkuchen versteht man einen ausgerollten Teig mit Frucht-, Butter- oder Mandelbelag. Zum Beispiel: Zwetschgen- oder Kirschkuchen auf Hefeteig, Bienenstich oder Butterkuchen, um nur einige zu nennen.

Die Beschaffenheit des Teiges ist locker und leicht, geschmacklich dominierend ist in diesen Fällen der Belag.

Die Arbeitsweise ist schnell und unproblematisch. Die Milch wird etwas angewärmt und die Hefe darin aufgelöst. Alle anderen Zutaten kommen dazu, und mit den Knethaken der Küchenmaschine wird der Teig geknetet, bis er Blasen schlägt. Eine Ruhezeit von mindestens 30 Minuten ist erforderlich, damit er entspannen und gehen kann. Der Teig wird für diese Zeit mit einem Tuch abgedeckt, damit er keine Haut bekommt.

Der schwere Hefeteig enthält bedeutend mehr Butter, das beste Beispiel ist der »Weihnachtsstollen« oder das »Osterbrot«. Die Zubereitungszeit ist länger, aber nicht schwieriger. Die Milch wird angewärmt und die Hefe darin aufgelöst. Mit einem Teil des Mehls wird ein dicker Brei angerührt. Dieser *Vorteig,* auch Dampferl genannt, muß an einem warmen, zugfreien Ort, mit einem Tuch abgedeckt, gehen. Im Durchschnitt dauert das 10—15 Minuten, bis an der Oberfläche kleine Blasen entstehen. In der Zwischenzeit wird die zimmerwarme Butter mit dem Zucker, dem Salz, den Eiern, Zitrone und Vanille mit der Küchenmaschine schaumig gerührt. Nun werden alle Zutaten, Vorteig, die schaumige Buttermischung und das restliche Mehl zusammen verknetet. Am besten geschieht das mit den Knethaken der Küchenmaschine. Ist der Teig glatt, wird er auf die Tischplatte gelegt und kräftig durchgeknetet bzw. geschlagen. Mit einem Tuch abgedeckt muß er mindestens 60 Minuten ruhen.

Hefeteig

Leichter Hefeteig

1 Milch anwärmen, Hefe darin auflösen.

2 Alle Zutaten dazuwiegen und mit dem Knethaken der Küchenmaschine zu einem Teig verarbeiten.

Schwerer Hefeteig

1 Milch anwärmen, Hefe darin auflösen, etwas Mehl zugeben und zu einem Brei anrühren.

2 Hefestück oder Dampferl mit einem Tuch abdecken und gehen lassen, bis kleine Blasen entstehen.

3 Alle übrigen Zutaten außer dem restlichen Mehl mit der Küchenmaschine schaumig rühren.

4 Buttermasse, Vorteig und das restliche Mehl zu einem Teig kneten.

5 Teig mit einem Tuch abdecken und ca. 60 Minuten ruhen lassen, danach je nach Verwendungszweck weiter verarbeiten.

Sandmasse

Mengenangaben:
siehe Rezepte

Zimmerwarme Butter in eine Schüssel geben. Mit der Küchenmaschine glattrühren. Zucker, Eier bzw. Eigelb, Vanille, Zitrone und Salz zugeben und gut verrühren. Mit dem Kochlöffel das Mehl, in manchen Fällen zusätzlich Stärkepuder darunterheben.
Es richtet sich nach dem Rezept, ob die Butter schaumig oder nur glattgerührt wird. Man sollte dies genau beachten.

Der Unterschied zwischen Sand- und Biskuitmassen, im Volksmund auch Teige genannt, besteht darin: Die Sandmasse hat einen hohen Butteranteil, die Biskuitmasse einen hohen Eieranteil.

1 Butter glattrühren.

2 Zucker und Eier, Vanille, Zitrone und Salz zugeben.

3 Mehl unterheben.

Biskuitmasse

Eier, Zucker, Vanille und die Zitrone in eine Schüssel oder einen Kessel geben. Die Schüssel in ein Wasserbad setzen und die Zutaten mit dem Schneebesen aufschlagen.
Dadurch wird die Bindung der Eier–Zuckermischung besser und das Endprodukt leichter und lockerer.
Selbstverständlich ist es auch möglich, die Eier und den Zucker kalt, von Anfang an mit dem Schneebesen der Rührmaschine aufzuschlagen.
Mit einem Kochlöffel wird das Mehl untergehoben und je nach Rezept zum Schluß die aufgelöste warme Butter.

Mengenangaben:
siehe Rezepte

1 Eier, Zucker, Vanille und Zitrone mit dem Handbesen im Wasserbad warm-schlagen. Ergibt eine . . .

2 . . . lockere und leicht aufgeschla-gene Eiermasse.

3 Oder Eier, Zucker, Vanille und Zitro-ne mit der Küchenmaschine kalt auf-schlagen.

4 Mehl mit dem Kochlöffel unterhe-ben, zum Schluß die aufgelöste Butter.

Buttermürbeteig

Die Grundlage vieler Kuchen, ob dicker oder dünner ausgerollt, ist der Mürbteig. Wie schon der Name sagt, mürb, zart und von edlem Geschmack soll er sein. Die frische Butter und das Mark der Vanilleschote sind die beiden Rohstoffe, die diesen Teig zum Genuß werden lassen.

Mengenangaben:
siehe Rezepte

Die Herstellungsweise ist sehr einfach.
Drei Möglichkeiten bieten sich an, wobei zu empfehlen ist, von der gewohnten Herstellungsweise nicht abzuweichen.
Für alle gilt zuerst: die angegebene Menge Mehl abwiegen, auf die Tischplatte geben und zu einem Kranz bilden.

1. Butter, Zucker, Salz, Eier und oder Eigelb, Vanille und Zitrone (bei manchen Rezepten etwas Milch) mit der Küchenmaschine glattrühren. Mit einem Teigschaber aus der Schüssel nehmen, in die Mitte des Mehlkranzes geben und zu einem Teig kneten. —

2. **Oder** — nur die Butter mit Zitrone und Vanille glattrühren und in die Mitte des Mehlkranzes geben. Zucker, Salz, Eier und/oder Eigelb, eventuell Milch zugeben und mit dem Mehl zu einem Teig kneten. —

3. **Oder** — alle Zutaten in die Mitte des Mehlkranzes wiegen und mit der Hand zu einem Teig kneten.

Nach 1/2—1 Stunde im Kühlschrank läßt sich der Teig problemlos verarbeiten.

1 Alle Zutaten mit der Küchenmaschine glattrühren, danach in den Mehlkranz geben und zu einem Teig kneten.

2 Oder Butter, Zitrone und Vanille mit der Küchenmaschine glattrühren, in den Mehlkranz geben und mit den übrigen dazugewogenen Zutaten zu einem Teig kneten.

3 Oder Mehlkranz bilden, alle restlichen Zutaten abwiegen, in die Mitte geben und von Hand, zuerst Butter, Zucker, Eier, danach mit dem Mehl zu einem Teig verarbeiten.

 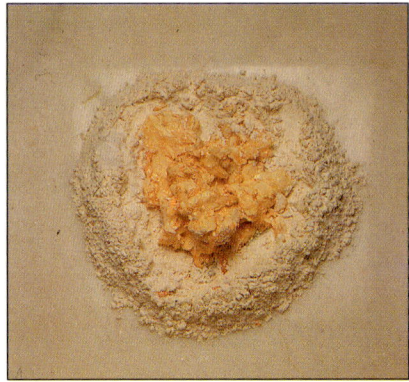 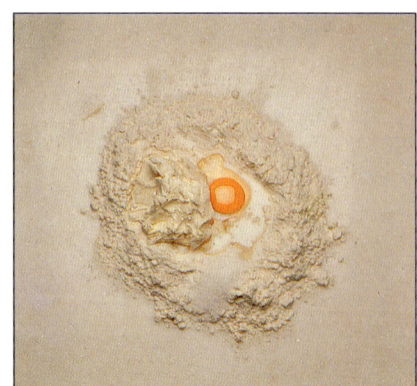

52 Sonntags-
Kuchen

1 · Beschwipster Orangenkranz

Kuchenmasse:
170 g Mehl
 80 g Butter
 70 g gewürfeltes Orangeat
6 Eigelb
80 g Zucker
6 Eiweiß
80 g Zucker

Zum Übergießen:
300 ml Wasser
200 g Zucker
250 g Cointreau

Zum Glasieren:
350 g Orangenmarmelade

Orangenfilets von 2 Orangen
Schlagsahne zum Garnieren

Form:
Gugelhupfform normale
Größe

Backzeit:
Elektro: 180 — 45 Minuten
Gas: 2-3 — 45 Minuten
Umluft: 170 — 40 Minuten

Gugelhupfform oder kleine Savarinförmchen ausbuttern und mit Mehl ausstäuben. Mehl und Butter abwiegen. Mit einem Messer die Butter im Mehl fein hacken, gewürfeltes Orangeat dazugeben. Eigelb und Eiweiß trennen.

Das Eigelb mit Zucker schaumig schlagen, Eiweiß mit Zucker zu Schnee schlagen. Das geschlagene Eiweiß unter das Eigelb heben und das Mehl mit der Butter und dem Orangeat darunterheben. In die Form füllen und backen.

Nach dem Backen den Gugelhupf bzw. die Kränzchen aus den Formen stürzen und abkühlen lassen.

Im Kühlschrank könnte der gebackene Gugelhupf, mit einem Frischhaltebeutel abgedeckt, 1—2 Tage aufbewahrt werden.

Wasser und Zucker zum Kochen bringen, den Cointreau zugeben und sofort von der Feuerstelle nehmen. Den ausgekühlten Gugelhupf wieder in die Form stürzen und die heiße Flüssigkeit darübergießen. 20 Minuten stehen lassen, auf ein Gitter stürzen und mit heißer Orangenmarmelade bepinseln (auftupfen).

Mit Orangenfilets und geschlagener Sahne garnieren.

Auf dem Titelbild unseres Buches ist dieser Kuchen ebenfalls abgebildet, dort mit einer Zuckerglasur aus 150 g Puderzucker und 2 bis 3 Eßlöffel Wasser.

1 Butter im Mehl fein hacken und gewürfeltes Orangeat darunterheben.

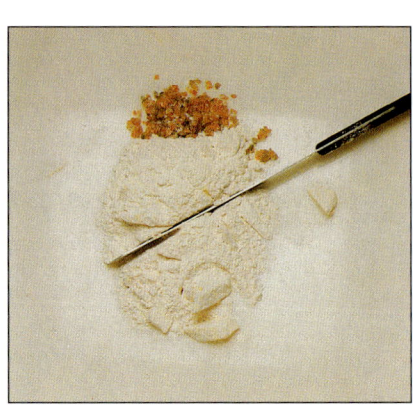

2 Schaumiges Eigelb, geschlagenes Eiweiß und die Mehlmischung locker untermischen.

3 Den ausgekühlten Kuchen wieder in die Form stürzen und übergießen.

3 Mit heißer Orangenmarmelade überpinseln.

2 · Linzertorte

Linzerteig:
400 g Butter
200 g Zucker
2 Eigelb
400 g geriebene Haselnüsse
1 TL Zimt, 1 TL Kakao
Abrieb von 1/2 Zitrone
400 g Mehl

Für die Füllung:
650 g Himbeermarmelade

Zum Bestreichen:
1 verquirltes Ei

Form:
flache Kuchenform mit Rand,
⌀ ca. 30 cm

Backzeit:
Elektro: 180 — 35 Minuten
Gas: 2-3 — 35 Minuten
Umluft: 170 — 30 Minuten

Aus Butter, Zucker, Eigelb, Haselnüssen, Zimt, Kakao, dem Abrieb einer halben Zitrone und Mehl einen Buttermürbeteig (vgl. Seite 12) zubereiten. Diesen Teig ca. 1 Stunde kühlstellen.
3/4 des Teiges rund ausrollen und den Boden einer gebutterten flachen Form damit auslegen. Ebenso gut eignet sich ein Tortenring, der auf ein Backblech gelegt wird.
Himbeermarmelade auf den Boden streichen, dabei einen ca. 1 cm breiten Rand frei lassen. Den restlichen Teig ausrollen und in Streifen schneiden. Diese als Gitter über den Kuchen legen.
Ein wenig Teig wird dabei übrig bleiben; einen Strang davon formen und um den Rand legen. Das Gitter mit einem verquirlten Ei bestreichen.
In den vorgeheizten Ofen schieben.

1 Alle Zutaten für den Teig abwiegen und zusammenkneten.

2 3/4 des Teiges als Boden ausrollen und mit Himbeermarmelade bestreichen.

3 Den restlichen Teig ausrollen, Streifen schneiden und als Gitter auflegen.

3 · Quarkschnitte

Biskuitboden:
7 Eier
210 g Zucker
Abrieb von 1/2 Zitrone
230 g Mehl
  60 g geriebene Mandeln
  90 g Butter

300 g Heidelbeermarmelade

Quarkmasse:
600 g Speisemagerquark
240 g Zucker
3 Eier
Abrieb von 1/2 Zitrone
150 ml Milch
750 ml Schlagsahne
10 Blatt Gelatine
2 cl Rum

Kakaopulver zum Übersieben

Form:
Blech Größe 40 x 37 cm

Backzeit:
Elektro: 180 — 11 Minuten
Gas: 2-3 — 11 Minuten
Umluft: 170 — 9 Minuten

Eier, Zucker und das Abgeriebene einer halben Zitrone mit dem Schneebesen im Wasserbad warm schlagen, mit dem Rührgerät kalt und locker aufschlagen (vgl. Biskuit Seite 11). Mit einem Kochlöffel das Mehl unterheben, zum Schluß die geriebenen Mandeln und die flüssige, warme Butter.
Auf das gebutterte Kuchenblech streichen und zart backen.
Den Biskuitboden abkühlen lassen, waagerecht durchschneiden und auf den Boden Heidelbeermarmelade streichen.
Speisemagerquark in einem Küchentuch ausdrücken. Mit Zucker, Eiern, dem Abgeriebenen einer halben Zitrone und Milch glattrühren.
Sahne ohne Zucker schlagen. Die im kalten Wasser eingeweichte Gelatine mit dem Rum in einer kleinen Schüssel auf der Feuerstelle auflösen und unter die Quarkmasse rühren. Zum Schluß die geschlagene Sahne unter die Quarkmasse heben. Diese Masse nun auf den mit Marmelade bestrichenen Biskuitboden geben und glatt streichen. Den zweiten Teil des Bodens auflegen und kühl stellen.
In beliebig große Stücke schneiden und mit Kakaopulver übersieben.

1 Eier, Zucker, Zitrone im Wasserbad mit dem Schneebesen aufschlagen.

2 Mehl unter die Eiermasse heben, zum Schluß die geriebenen Mandeln und die warme Butter.

3 Speisequark in einem Tuch ausdrücken.

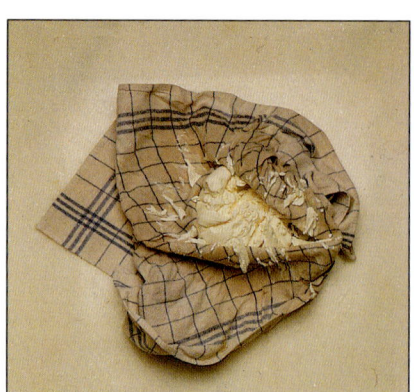

4 Geschlagene Sahne unter die glattgerührte Quarkmasse heben.

5 Biskuitboden waagerecht durchschneiden und Quarkmasse aufstreichen.

4 · Hefezopf

Hefeteig:
140 ml Milch
30 g Hefe
350 g Mehl
40 g Zucker
6 g Salz
1 Ei
4 Eigelb
50 g Butter
das Mark einer 1/4 Vanilleschote
das Abgeriebene einer
1/4 Zitrone

150 g Sultaninen

Zum Bestreichen:
1 verquirltes Ei

Zum Überstreuen:
20 g gehobelte Mandeln oder
20 g groben Zucker

Glasur:
150 g Puderzucker
30 ml Wasser

Form:
Backblech

Backzeit:
Elektro: 180 — 25 Minuten
Gas: 2-3 — 25 Minuten
Umluft: 170 — 22 Minuten

Für den Hefeteig Milch in einer Schüssel anwärmen, Hefe darin auflösen und mit einem Teil des Mehls einen Brei anrühren (vgl. Schwerer Hefeteig, Seite 8/9). Dieses Hefestück ca. 15 Minuten abgedeckt gehen lassen.

Butter, Zucker, Salz, abgeriebene Zitrone, Mark einer Vanilleschote, Ei und Eigelb mit dem Schneebesen der Rührmaschine glattrühren. Diese gerührte Masse in das Hefestück geben und mit dem restlichen Mehl zu einem glatten Teig arbeiten. Mit einem Tuch abgedeckt 60 Minuten im Kühlschrank ruhen lassen.

Anschließend Sultaninen unter den Teig drücken, jedoch nicht kneten. Einen Strang formen und in drei Teile teilen. Jedes Teil ca. 25 cm lang rollen; an einem Ende diese drei Stücke zusammendrücken und flechten. Den mittleren Strang jeweils nach außen schlagen, einmal nach rechts, einmal nach links.

Den Zopf gehen lassen, bis er deutlich an Volumen zugenommen hat.

Mit einem verquirlten Ei bestreichen, mit Mandeln oder ganz grobem Zucker überstreuen und nach dem Backen mit Zuckerglasur überziehen.

Im vorgeheizten Ofen goldgelb backen.

1 Milch und aufgelöste Hefe mit einem Teil des Mehls zu einem dicken Brei rühren.

2 Alle Zutaten außer Mehl glattrühren und unter das Hefestück geben, zum Schluß das restliche Mehl.

3 Sultaninen unter den Teig drücken.

4 3 gleichmäßige Stränge aus dem Teig rollen.

5 Am oberen Ende zusammendrücken und jeweils den mittleren Strang nach außen schlagen. 1 x nach rechts, 1 x nach links.

6 Am Schluß die Enden nach unten einschlagen.

5 · Bienenstich

Hefeteig:
140 ml Milch
25 g Hefe
350 g Mehl
40 g Zucker
6 g Salz
1 Ei
1 Eigelb
40 g Butter
das Mark von 1/4 Vanille-
schote
Abrieb von 1/4 Zitrone

Bienenstich-Guß:
75 g Butter
75 g Zucker
50 g Bienenhonig
30 g Milch
80 g gehobelte Mandeln

Füllung:
400 ml Milch
40 g Zucker
2 Eigelb
35 g Vanillepuddingpulver
1 cl Rum
2 Blatt Gelatine
400 g Sahne

Form:
runde Kuchenform,
∅ ca. 30 cm

Backzeit:
Elektro: 180 — 30 Minuten
Gas: 2-3 — 30 Minuten
Umluft: 170 — 25 Minuten

Milch etwas anwärmen und die Hefe darin auflösen.
Alle restlichen Zutaten in die Schüssel geben. Mit den Knethaken der Rührmaschine zu einem glatten Teig kneten. Mit einem Tuch abdecken und ca. 60 Minuten je nach Raumtemperatur ruhen lassen (siehe auch Leichter Hefeteig, Seite 8/9).
Kuchenform ausbuttern, Teig rund ausrollen und in die Form legen.
Butter, Zucker, Bienenhonig und Milch in einem Kessel kurz auf-kochen, gehobelte Mandeln dazugeben und, solange die Mas-se noch heiß ist, auf den Hefeteig gleichmäßig verstreichen. An einem warmen Ort noch ca. 1/2 Stunde gehen lassen.
Im vorgeheizten Ofen goldgelb backen.

Für die Füllung Milch, Zucker, Eigelb und Puddingpulver unter ständigem Rühren zum Kochen bringen und abkühlen lassen.
Den ungefüllten, kalten Bienenstich aus der Form nehmen und waagerecht durchschneiden.
Die Vanillecreme mit dem Schneebesen glattrühren, Rum und aufgelöste Gelatine zugeben. Sahne schlagen und unter die Creme heben.
Die Creme auf den Boden streichen und Deckel auflegen.

Tip: Evtl. den Deckel vor dem Auflegen in Kuchenstücke schnei-den und auf dem Kuchen wieder zusammensetzen (siehe großes Bild).

1 Mit dem Knethaken einen glatten Teig zubereiten.

2 Alle Zutaten für den Bienenstichguß aufkochen und zum Schluß die Mandeln darunterheben.

3 Bienenstichguß auf dem Hefeteig verstreichen.

4 Vanillecreme ist glatt –, Rum und Gelatine sind untergerührt. Geschlagene Sahne unterheben.

5 Bienenstich aufschneiden und Füllung darauf streichen.

6 · Ingwerkuchen

Früchte:
200 g Ingwerpflaumen
120 g Äpfel
 90 g Walnüsse

Masse:
250 g Mehl
2 gestr. TL Backpulver
125 g Butter
180 g Zucker
2 Eier
1 Eigelb
125 ml Milch

Für die Glasur:
 60 g weißer Rum
300 g Puderzucker

Zum Belegen:
Walnüsse, Ingwerstäbchen

Form:
Rehrücken- oder Baumstamm-
form, 32 cm lang, 12 cm breit

Backzeit:
Elektro: 180 — 50 Minuten
Gas: 2-3 — 50 Minuten
Umluft: 170 — 45 Minuten

Ingwerpflaumen in Streifen schneiden oder Ingwerstäbchen mehrmals durchschneiden. Äpfel schälen, entkernen und fein schneiden. Mehl und Backpulver mit dem Ingwer, den Äpfeln und Walnüssen vermischen.

Zimmerwarme Butter und Zucker schaumig rühren. Eier, Eigelb und lauwarme Milch langsam nach und nach zugeben. Mit dem Kochlöffel die Mehlmischung unterheben, in die gebutterte Form füllen. Dieser Kuchen wird kräftig gebacken, da die Äpfel und der Ingwer viel Feuchtigkeit haben.

Rum und Puderzucker anrühren und den noch warmen, gestürzten Kuchen überpinseln.

Als Garnitur Walnüsse oder Ingwerstäbchen auflegen.

1 Gehackte Äpfel und Ingwer mit dem Mehl und den Walnüssen mischen.

2 Butter und Zucker schaumig rühren, Eier und Milch zugeben.

3 Mit dem Kochlöffel die Mehlmischung mit den Früchten unterheben.

4 Rum und Puderzucker anrühren.

7 · Ananassteckerl

1 mittelgroße Ananas
ergibt ca. 10 Spieße

Teig:
300 g Milch
15 g Hefe
1 Eigelb
50 g Zucker
Prise Salz
250 g Mehl
25 g Butter

Zum Wälzen:
ca. 100 g Kokosraspeln
100 g Zucker

Oder Kokossauce:
400 ml Sahne
30 g Zucker
10 g Stärkepuder
4 Eigelb
4 cl Kokosschnaps
20 g Kokosraspel

Zum Ausbacken:
Erdnußöl

Backzeit:
kurze Backzeit im Fett,
goldgelb ausbacken

Frische Ananas in Scheiben schneiden und von der Schale befreien. Das harte Mittelstück ausstechen oder nach dem Vierteln abschneiden. Die Ananas in Stücke schneiden und je nach Stärke der Scheibe 8—10 Stück auf einen Spieß stecken.
Milch, Hefe, Eigelb, Zucker, Salz und Mehl mit dem Schneebesen in einer Schüssel glattrühren. Zum Schluß die lauwarme Butter unterziehen.
Inzwischen Erdnußfett in einer Schüssel oder Friteuse auf 180 Grad erhitzen.
Spieße in die angerührte Teigmasse tauchen oder mit einem Löffel übergießen. In heißem Fett goldgelb backen. Noch im heißen Zustand in Kokosraspeln wälzen.
Man kann die Spieße auch mit einer *Kokossauce* servieren.
Dafür werden Sahne, Zucker, Stärkepuder und Eigelb unter ständigem Rühren kurz aufgekocht. Nach dem Abkühlen Kokosschnaps und Raspeln darunterrühren.

1 Ananasstücke schneiden und auf den Spieß stecken.

2 Backteig anrühren.

3 Spieße in den Teig tauchen oder mit einem Löffel übergießen.

8 · Schlesischer Mohnkranz

Mohnmasse:
350 g Butter
350 g Zucker
Mark einer 1/2 Vanilleschote
7 Eier
300 g Mehl
100 g Stärkepuder
50 g Sultaninen
2 gestr. TL Backpulver
100 g frisch gemahlener Mohn

Zum Ausstreuen:
50 g geriebene Nüsse

Rumsauce:
200 ml Sahne
250 ml Milch
50 g Zucker
3 Eigelb
10 g (1 EL) Stärkepuder
40 g Rum

Form:
Kranzform ⌀ ca. 25 cm

Backzeit:
Elektro: 180 — 50 Minuten
Gas: 2-3 — 50 Minuten
Umluft: 170 — 45 Minuten

Butter, Zucker und das Mark einer halben Vanilleschote schaumig rühren. Eier nach und nach zugeben. Mehl, Stärkepuder und Sultaninen abwiegen und mit dem Backpulver und dem frischgemahlenen Mohn vermischen. Mit einem Kochlöffel die Mehlmischung unter die schaumige Butter heben. Die Kranzform buttern und mit geriebenen Nüssen ausstreuen. Die Masse einfüllen und in den vorgeheizten Ofen schieben.

Für die Rumsauce werden Sahne, Milch, Zucker, Eigelb und Stärkepuder in eine Schüssel gegeben und im Wasserbad solange mit dem Schneebesen geschlagen, bis die Creme heiß und cremig bis dickflüssig ist.

Nach dem Abkühlen den Rum zugeben.

1 Butter, Zucker und Vanille schaumig rühren. Eier nach und nach zugeben.

2 Mit dem Kochlöffel die Mehlmischung darunterheben.

3 Alle Zutaten außer dem Rum in einer Schüssel im Wasserbad heiß und cremig schlagen.

1 Zucker, Eigelb und Butter etwas zerdrücken und mit den übrigen Zutaten zu einem Teig kneten.

Für den Mürbteig das Mehl abwiegen und einen Kranz bilden. In die Mitte Zucker, Butter, Salz, das Mark von 1/4 Vanilleschote, das Abgeriebene von 1/4 Zitrone und das Eigelb geben. Alle Zutaten vermengen und zu einem Teig kneten. Eine Stunde kühlstellen.

Den Teig ausrollen und in die gebutterte Form mit hohem Rand legen. Der Teig muß eine gute Verbindung zwischen Boden und Rand haben, um ein Auslaufen der Quarkmasse zu verhindern.

Speisemagerquark in einem Küchentuch ausdrücken. Mit Zucker, Puddingpulver, Eiern, dem Mark einer halben Vanilleschote, dem Abgeriebenen einer halben Zitrone und der Milch mit der Küchenmaschine glattrühren. Die zerlassene heiße Butter als letztes dazugeben. In die Form füllen und in den vorgeheizten Ofen schieben.

Beim Backen treibt es den Käsekuchen etwas über den Rand, beim Auskühlen geht er wieder etwas zurück.

Erst aus der Form nehmen, wenn er ganz ausgekühlt ist.

Mürbteig:
300 g Mehl
100 g Zucker
200 g Butter
Prise Salz
Mark von 1/4 Vanilleschote
Abrieb von 1/4 Zitrone
1 Eigelb

Quarkmasse:
1 kg Speisemagerquark
300 g Zucker
 50 g Puddingpulver
4 Eier
Mark von 1/2 Vanilleschote
Abrieb von 1/2 Zitrone
600 ml Milch
100 g Butter

Form:
Springform ⌀ 28 cm

Backzeit:
Elektro: 180 — 55 Minuten
Gas: 2-3 — 55 Minuten
Umluft: 170 — 45-50 Minuten

2 Speisequark in einem Tuch ausdrücken.

3 Alle Zutaten zusammen wiegen, Milch zugeben und mit der Küchenmaschine glattrühren.

4 Unter die glattgerührte Quarkmasse die warme Butter rühren.

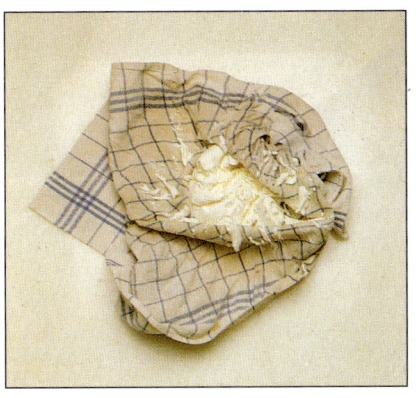

Mürbteig:
*300 g Mehl, 100 g Zucker,
200 g Butter, 1 Prise Salz
Mark von 1/4 Vanilleschote
Abrieb von 1/4 Zitrone
1 Eigelb*

Biskuitmasse:
*7 Eier, 210 g Zucker,
220 g Mehl, 70 g Butter*

Nuß-Biskuit:
*100 g geriebene Haselnüsse
1 TL Zimt, 1 TL Kakaopulver*

1,2 kg Kirschen

Florentinermasse:
*150 g Zucker, 150 g Butter,
90 g Bienenhonig, 60 ml Milch,
170 g gehobelte Mandeln*

100 g Sauerkirschmarmelade

Form:
*flache Form mit Rand ⌀ ca. 30
cm oder Tortenring ⌀ ca. 30 cm
Backtrennpapier*

Backzeit: Mürbteig
*Elektro: 180 — 11 Minuten
Gas: 2-3 — 11 Minuten
Umluft: 170 — 10 Minuten*

Backzeit: dünner Biskuit
*Elektro: 180 — 10 Minuten
Gas: 2-3 — 10 Minuten
Umluft: 170 — 9 Minuten*

Backzeit: Nußbiskuit
*Elektro: 180 — 13 Minuten
Gas: 2-3 — 13 Minuten
Umluft: 170 — 11 Minuten*

Für den *Mürbteig* das Mehl abwiegen und einen Kranz bilden. In die Mitte Zucker, Butter, Salz, das Mark von 1/4 Vanilleschote, das Abgeriebene von 1/4 Zitrone und das Eigelb geben. Alle Zutaten zusammen vermengen und zu einem Teig kneten.
3/4 Menge des Mürbteiges als Boden ausrollen und in die gebutterte Form legen. Von dem Rest einen Strang formen und als Rand anbringen.
Im heißen Ofen kurz backen, der Mürbteig soll hell bleiben.

Für die *Biskuitmasse* Eier und Zucker im Wasserbad warm und mit dem Rührgerät wieder kalt schlagen. Zuerst Mehl, danach die aufgelöste lauwarme Butter unterheben. 1/3 dieser Masse in der Größe der Form auf Trennpapier streichen und zart backen. Unter die restliche Biskuitmasse geriebene Haselnüsse, Zimt und Kakaopulver heben und auf den leicht angebackenen Mürbteig streichen. Entsteinte Kirschen auf der Nußbiskuitmasse verteilen, in den Ofen schieben und zart backen.

Florentinermasse: Zucker, Butter, Bienenhonig und Milch in einem Kessel kurz aufkochen und gehobelte Mandeln darunterheben. Die Masse noch heiß auf den dünnen Biskuitboden aufstreichen und im Ofen goldgelb backen.
Sauerkirschmarmelade dünn über die Kirschen streichen. Mit einer Tortenscheibe den dünnen Biskuitboden mit der Florentinermasse vom Trennpapier abheben und auf die Kirschen legen.
Dieser Kuchen kann das ganze Jahr über gebacken werden, entweder mit eingemachten oder Dosenkirschen, zur Kirschzeit natürlich mit knackig frischen Kirschen.

1 Alle Zutaten zu einem Mürbteig verarbeiten bzw. kneten.

2 3/4 des Mürbteiges als Boden ausrollen, von dem Rest einen Strang formen und um den Rand legen.

3 1/3 der Biskuitmasse in der Größe der Kuchenform auf ein Trennpapier streichen.

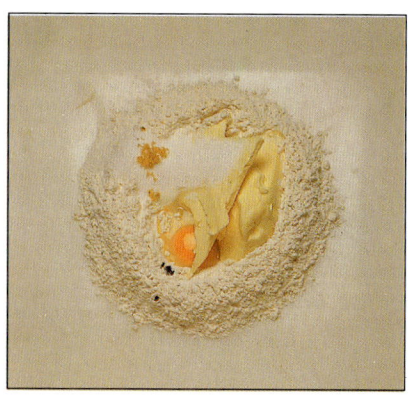

Florentiner Kirschkuchen · 10

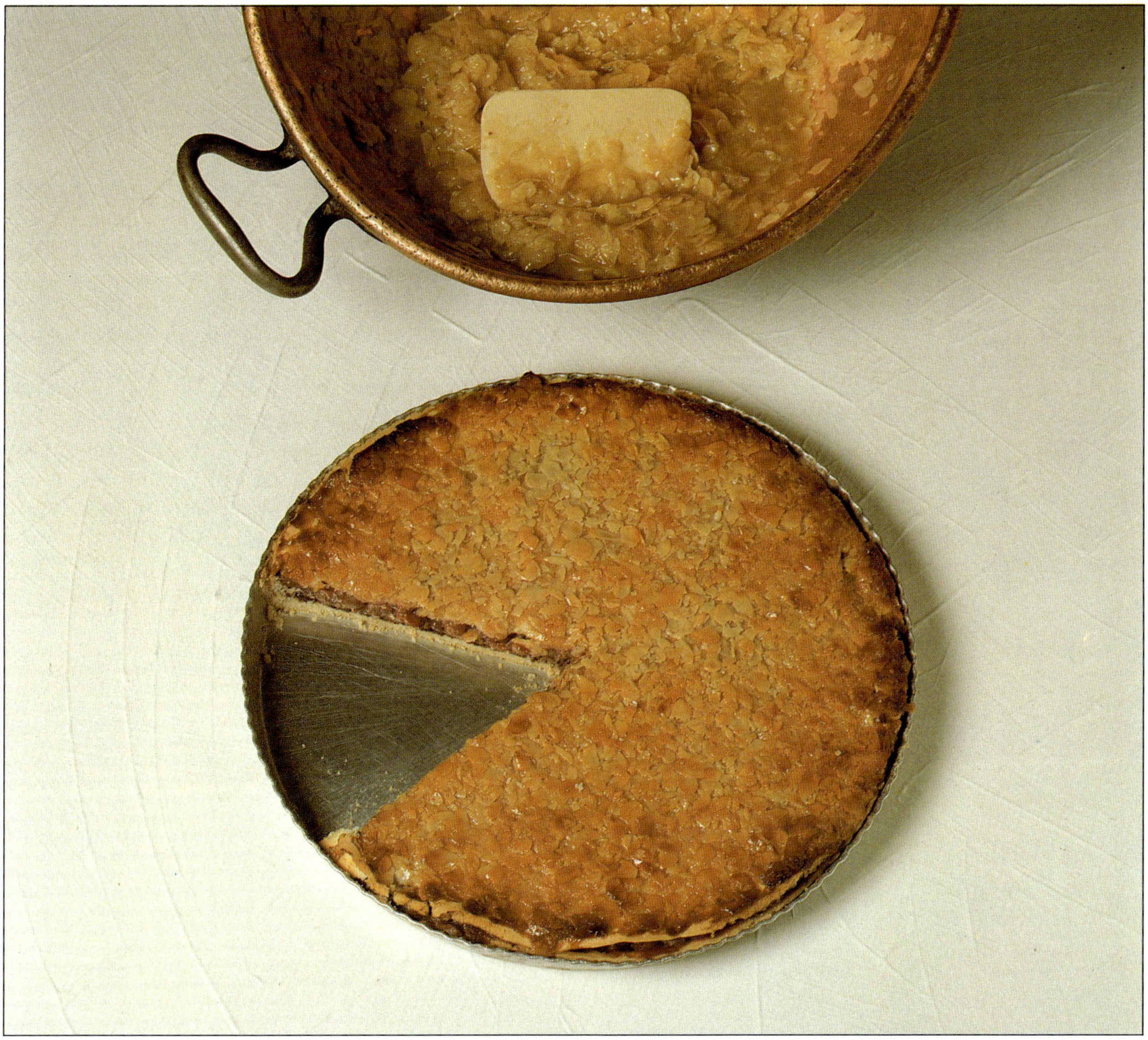

4 Unter die restliche 2/3 Biskuitmasse geriebene Nüsse, Zimt und Kakaopulver rühren, auf den Mürbteig füllen und glattstreichen.

5 Kirschen auf der Nußbiskuitmasse verteilen.

6 Florentinermasse im heißen Zustand auf dem dünnen, gebackenen Biskuitboden verstreichen.

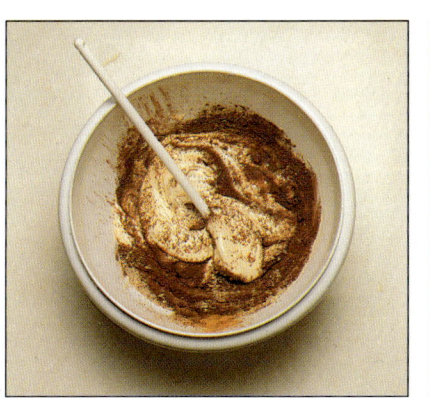

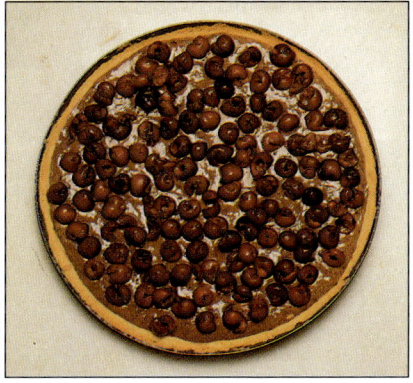

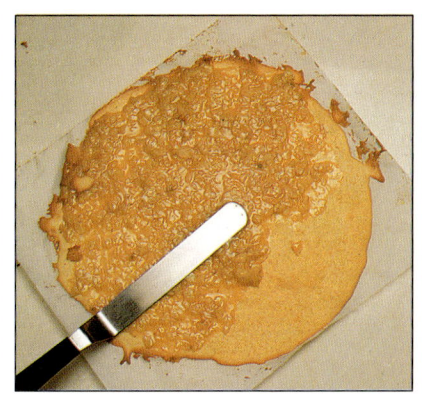

11 · Gedeckter Apfelkuchen

Mürbteig:
450 g Mehl
300 g Butter
150 g Zucker
Prise Salz
Mark von 1/4 Vanilleschote
Abrieb von 1/4 Zitrone
1 Ei
50 ml Milch

Belag:
1,7 kg Äpfel
50 g Zucker
40 g Sultaninen
1/3 Teelöffel Zimt
Abrieb von 1/3 Zitrone

100 g Löffelbiskuits

1 verquirltes Ei zum Bestreichen

Form:
Springform ⌀ 28 cm

Backzeit:
Elektro: 180 — 40 Minuten
Gas: 2-3 — 40 Minuten
Umluft: 170 — 35 Minuten

Für den Mürbteig das Mehl abwiegen und einen Kranz bilden. Butter mit der Küchenmaschine glattrühren. In die Mitte Zucker, Butter, Salz, das Mark einer 1/4 Vanilleschote, das Abgeriebene von 1/4 Zitrone, das Ei und die Milch geben. Gut vermengen und zu einem Teig kneten. Eine Stunde kühlstellen (siehe auch Rezept Buttermürbteig, Seite 12).

Äpfel schälen, vom Kernhaus befreien und fein schneiden, bzw. hacken. Zucker, Sultaninen, Zimt und das Abgeriebene von 1/3 Zitrone dazugeben und zwei Stunden abgedeckt ziehen lassen.

2/3 des Mürbteiges ausrollen, den Boden und den Rand der gebutterten Form auslegen. Das restliche Teigdrittel in der Größe der Kuchenform ausrollen, auf eine Tortenscheibe legen und kühl stellen.

Geriebene Löffelbiskuits auf den Mürbteig streuen und die nochmals gut vermischten Äpfel gleichmäßig und locker darauf verteilen. Den kühl gestellten Mürbteigdeckel auflegen und den Rand etwas festdrücken.

Mit einem verquirlten Ei bestreichen und in den vorgeheizten Ofen schieben.

1 Butter mit der Küchenmaschine glattrühren und mit allen Zutaten zu einem Teig kneten.

2 Äpfel fein hacken, mit Zucker, Sultaninen, Zimt und Zitrone vermischen und 2 Stunden abgedeckt ziehen lassen.

3 Gebutterte Form mit 2/3 des Mürbteiges auslegen. Vom restlichen Teig
den Deckel ausrollen.

4 Löffelbiskuit einstreuen, Äpfel
gleichmäßig, aber locker in der Form
verteilen.

5 Mürbteigdeckel auflegen und mit Ei
bestreichen.

12 · Osterbrot

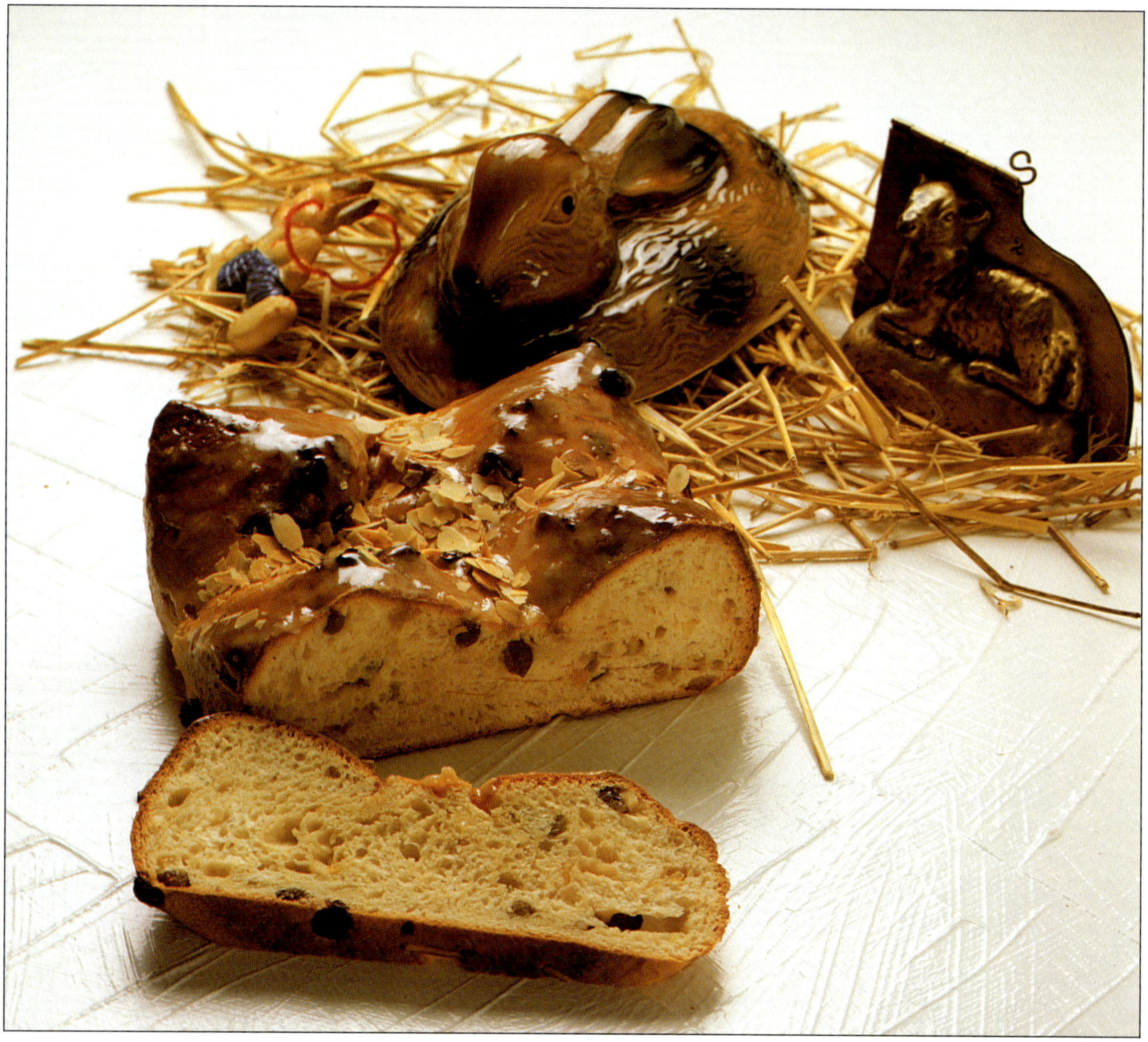

1 Hefe in der lauwarmen Milch auflösen und etwas Mehl zugeben.

2 Glattgerührte Buttermasse, Hefestück und das restliche Mehl zu einem Teig arbeiten.

3 Leicht angewärmte Früchte unter den Teig drücken.

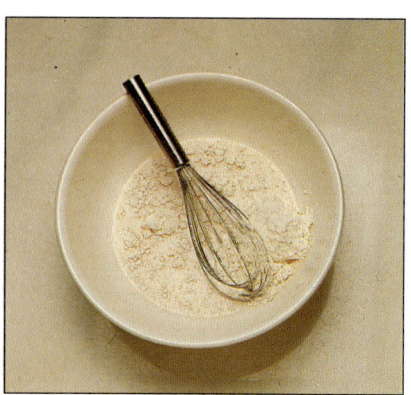

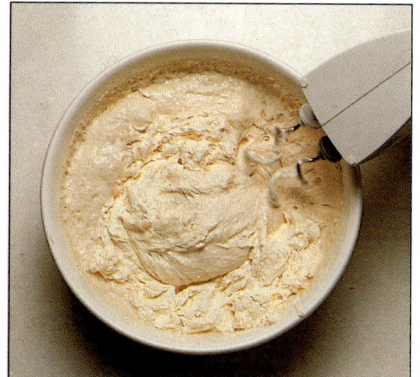

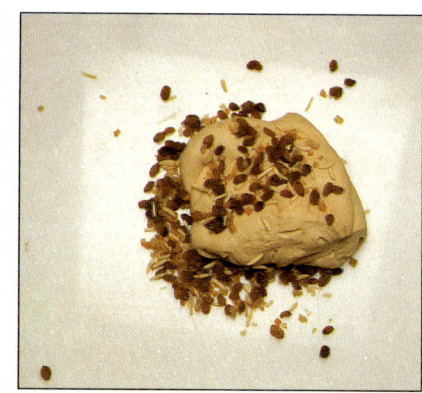

Für den Hefeteig die Milch anwärmen, Hefe darin auflösen. Mit einem Teil des Mehls zu einem Brei anrühren und das Hefestück ca. 15—20 Minuten abgedeckt warm stellen (siehe auch Schwerer Hefeteig, Seite 8/9).

Butter, Zucker, Salz, das Abgeriebene von 1/4 Zitrone, das Mark von 1/4 Vanilleschote, Ei und Eigelb schaumig rühren.

Das restliche Mehl und das Hefestück zugeben und mit den Knethaken der Küchenmaschine zu einem Teig kneten. Auf der Tischplatte den Teig kräftig durcharbeiten, abdecken und ca. 30 Minuten ruhen lassen. In der Zwischenzeit die Früchte zusammenwiegen, im Ofen etwas anwärmen und nach der Ruhezeit unter den Teig drücken.

Den Teig zu einer runden Kugel formen und auf das Backblech setzen. Wenn die Teigkugel deutlich an Volumen zugenommen hat, mit dem verquirlten Ei bestreichen und mit dem Messer über Kreuz schneiden. Die so entstandenen Spitzen werden auseinander gezogen. In den vorgeheizten Ofen schieben und backen. Noch im heißen Zustand mit heißer Orangenmarmelade überziehen und anschließend mit Zuckerglasur bestreichen (für diese werden Staubzucker und Wasser zu einem Brei angerührt).

Hefeteig:
120 ml Milch
42 g Hefe
180 g Butter
40 g Zucker
5 g Salz
Abrieb von 1/4 Zitrone
Mark von 1/4 Vanilleschote
1 Ei
2 Eigelb
400 g Mehl

Früchte:
100 g Sultaninen
100 g gewürfeltes Zitronat und Orangeat
50 g gestiftelte Mandeln

Zum Bestreichen:
1 verquirltes Ei

Glasur:
100 g Orangenmarmelade
150 g Puderzucker
30 ml Wasser

Form:
Backblech, Größe 40 x 37 cm

Backzeit:
Elektro: 180 — 50 Minuten
Gas: 2-3 — 50 Minuten
Umluft: 170 — 45 Minuten

4 Teig zu einer Kugel formen und auf das Backblech setzen.

5 Die an Volumen deutlich zugenommene Teigkugel mit Ei bestreichen, über Kreuz schneiden und etwas auseinanderziehen.

6 Staubzucker mit Wasser anrühren und das bereits mit heißer Orangenmarmelade glasierte Osterbrot bestreichen.

13 · Osterkranz

Hefeteig:
400 ml Milch
70 g Hefe
1000 g Mehl
150 g Butter
120 g Zucker
16 g Salz
Abrieb von 1/2 Zitrone
Mark von 1/2 Vanilleschote
2 Eier
4 Eigelb

Früchte:
250 g Sultaninen

Zum Bestreichen:
1 verquirltes Ei

Zum Bestreuen:
30 g gehobelte oder gestiftelte Mandeln oder
20 g groben Zucker

Form:
Backblech (Durchmesser des
Kranzes ca. 40 cm)

Backzeit:
Elektro: 180 — 30 Minuten
Gas: 2-3 — 30 Minuten
Umluft: 170 — 25 Minuten

Für den Hefeteig Milch in einer Schüssel anwärmen, Hefe darin auflösen und mit einem Teil des Mehles einen dicken Brei anrühren. Dieses Hefestück ca. 15 Minuten abgedeckt gehen lassen. Butter, Zucker, Salz, abgeriebene Zitrone, Mark einer halben Vanilleschote, Eier und Eigelb mit den Schneebesen der Rührmaschine glattrühren. Diese gerührte Masse in das Hefestück geben und mit dem restlichen Mehl zu einem glatten Teig verarbeiten. Mit einem Tuch abgedeckt 30—60 Minuten gehen lassen.

Auf der Tischplatte die Sultaninen in den Teig drücken. Nicht kneten, um ein Grauwerden durch die Früchte zu vermeiden. Nochmals abgedeckt ca. 10 Minuten stehen lassen.

Den Teig in drei Stücke teilen und Stränge daraus formen. Flechten wie einen Zopf. Jeweils den mittleren Strang nach außen schlagen, einmal nach rechts, einmal nach links.

Auf ein mit Trennpapier belegtes Blech legen, zum Kranz formen, beide Enden gut zusammendrücken und warm stellen. Sobald der Kranz fast das doppelte Volumen erreicht hat, wird er mit einem verquirlten Ei bestrichen. Gehobelte oder gestiftelte Mandeln oder groben Zucker darüberstreuen und backen.

1 Hefe in warmer Milch auflösen und mit einem Teil des Mehles zu einem Brei anrühren und abdecken.

2 Alle Zutaten unter das Hefestück geben, zum Schluß das Mehl, und zu einem Teig kneten.

3 3 gleichmäßige Stränge an der Oberseite zusammendrücken.

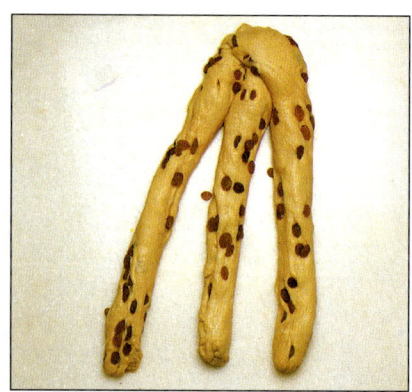

4 Jeweils den mittleren Strang einmal nach links, einmal nach rechts schlagen.

5 Zu einem Kranz legen und beide Enden gut zusammendrücken.

14 · Sächsische Rhabarberschnitte

Mürbteig:
450 g Mehl
150 g Zucker
300 g Butter
1 Prise Salz
Mark von 1/2 Vanilleschote
2 Eigelb

150 g Erdbeermarmelade
zum Bestreichen
150 g Löffelbiskuits zum
Belegen
2200 g Rhabarber

Masse:
250 g Butter
 75 g Marzipan
5 Eier
1/2 Tasse flüssige Sahne
40 g Mehl

Zum Überstreuen:
80 g Zucker
1 gestr. Teelöffel Zimt

Form:
Kuchenblech 40 x 37 cm

Backzeit: Mürbteig
Elektro: 180 — 8 Minuten
Gas: 2-3 — 8 Minuten
Umluft: 170 — 7 Minuten

Backzeit:
Elektro: 180 — 40 Minuten
Gas: 2-3 — 40 Minuten
Umluft: 170 — 35 Minuten

Für den Teig das Mehl abwiegen und einen Kranz bilden. In die Mitte Zucker, Butter, Salz, das Mark einer halben Vanilleschote und die Eigelbe geben. Alle Zutaten zusammen vermengen und zu einem Teig kneten. Eine Stunde kühl stellen.

Den Teig auf Blechgröße ausrollen, auf das Backblech legen und ganz zart backen.

Dünn Erdbeermarmelade auf den Boden streichen und Löffelbiskuits eng über das Blech legen.

Rhabarber schälen, in Stücke schneiden und auflegen. Mit der Küchenmaschine Butter und Marzipanrohmasse schaumig rühren, Eier, Sahne und Mehl zugeben. Diese Masse über dem Rhabarber gleichmäßig verteilen, glattstreichen und in den heißen Backofen schieben.

Nach dem Backen mit Zimtzucker überstreuen.

1 Alle Zutaten vermengen und zu einem Teig kneten.

2 Gebackenen Mürbteigboden mit Erdbeermarmelade bestreichen Löffelbiskuits und Rhabarber auflegen.

3 Butter-Marzipanmasse daraufgeben und gleichmäßig verstreichen.

1 Eier und Mehlmischung abwechselnd in die schaumige Buttermasse geben und langsam glattrühren.

Zimmertemperierte Butter, Zucker, mit dem Mark der Vanilleschote, dem Abgeriebenen einer halben Zitrone mit der Küchenmaschine schaumig rühren.

Eier in eine Schüssel schlagen. Mehl, Stärkepuder und Backpulver vermischen. Eier und Mehlmischung abwechselnd in die Buttermasse geben. Auf langsamster Stufe mit der Maschine nur glattrühren. Die gebutterte Sandkuchenform mit Mehl bestäuben und die Masse einfüllen.

Noch vor dem Backen mit einem in Butter getauchten Küchenmesser an der Oberfläche einschneiden. Wird dieser Vorgang mehrmals wiederholt, so entsteht an der Schnittfläche eine kleine Butterschicht, dadurch reißt der Kuchen beim Backen schön gleichmäßig.

Nach dem Abkühlen aus der Form nehmen, die Oberfläche mit heißer Aprikosenmarmelade abpinseln und mit Zuckerglasur überziehen.

Sandmasse:
420 g Butter
420 g Zucker
Mark einer Vanilleschote
Abrieb von 1/2 Zitrone
8 Eier
350 g Mehl
110 g Stärkepuder
2 gestrichene TL Backpulver

Glasur:
100 g Aprikosenmarmelade
250 g Puderzucker
Wasser zum Anrühren

Form:
rechteckige Sandkuchenform,
ca. 30 cm lang, 10 cm hoch,
10 cm breit

Backzeit:
Elektro: 180 — 40 Minuten
Gas: 2-3 — 40 Minuten
Umluft: 170 — 35 Minuten

2 Sandmasse in die Form füllen und mit einem gebutterten Messer einschneiden.

3 Mit heißer Aprikosenmarmelade überpinseln.

4 Wasser und Puderzucker mit dem Pinsel verrühren und den Kuchen damit bestreichen.

16 · Rhabarberstrudel

Teig:
250 g Mehl
20 g Butter
Prise Salz
90 ml Wasser
1 EL Öl
1 Ei

Zum Abrösten:
100 g Butter
200 g Zucker
175 g Löffelbiskuits

Zum Überstreichen:
200 ml Sahne, leicht
anschlagen
20 g Zucker

1,5 kg Rhabarber

Form:
Backblech, 40 x 37 cm

Backzeit:
Elektro: 180 — 45 Minuten
Gas: 2-3 — 45 Minuten
Umluft: 170 — 40 Minuten

Mehl, Butter, Salz, Wasser, Öl und Ei zu einem glatten Teig auf der Tischplatte oder in einer Schüssel mit den Knethaken der Küchenmaschine arbeiten (vgl. Grundrezept Buttermürbteig, Seite 12). Mit einem Tuch abgedeckt ca. 1 Stunde ruhen lassen.

Rhabarber schälen und in Stücke schneiden.

Butter, Zucker und geriebene Löffelbiskuits in einem Topf erhitzen und unter ständigem Rühren mit einem Kochlöffel ca. 2 Minuten abrösten. Aus dem Topf nehmen und abkühlen lassen.

Strudelteig ausrollen und mit dem Handrücken hauchdünn ziehen auf ein Format von ca. 40 x 30 cm. Auf die Tischplatte legen, die abgekühlten, gerösteten Brösel aufstreuen, zum Schluß den Rhabarber dazugeben. Vorsichtig zusammenrollen und in die gebutterte Form legen. In den vorgeheizten Ofen schieben, 20 Minuten backen. Kurz herausnehmen und mit 1/3 der leicht angeschlagenen Sahne überstreichen.

Diesen Vorgang noch zweimal im Abstand von 10 Minuten wiederholen.

Mit leicht gesüßter, halb geschlagener Sahne servieren.

1 Für die Füllung Butter, Zucker, geriebene Löffelbiskuits auf der Feuerstelle 2 Minuten abrösten.

2 Auf den dünn gezogenen Strudelteig Biskuitbrösel und Rhabarber verteilen.

3 Strudel zusammenrollen und auf das Backblech legen.

4 Während des Backens 3 x mit leicht geschlagener Sahne überpinseln.

Mürbteig:
300 g Mehl
100 g Zucker
200 g Butter
Prise Salz
Abrieb von 1/4 Zitrone
1 Eigelb

1,5 kg Rhabarber

Zum Bestreichen:
200 g Erdbeermarmelade

Zum Belegen:
150 g ganze Löffelbiskuits

Baisermasse:
7 Eiweiß
400 g Zucker

Form:
Tortenring oder Springform,
∅ 28—30 cm
Backtrennpapier

Backzeit: für Mürbteig
Elektro: 180 — 8 Minuten
Gas: 2-3 — 8 Minuten
Umluft: 170 — 7 Minuten

Baisermasse:
kurz abflämmen

Für den Mürbteig das Mehl abwiegen und einen Kranz bilden. In die Mitte Zucker, Butter, Salz, das Abgeriebene von 1/4 Zitrone und das Eigelb geben. Alle Zutaten zusammen vermengen und zu einem Teig kneten.
Eine Stunde kühlstellen (vgl. Grundrezept, Seite 12).
Rhabarber schälen und in kleine Stücke schneiden. Wasser ohne Zutaten zum Kochen bringen und den Rhabarber in das sprudelnd kochende Wasser geben. Nur solange kochen lassen (blanchieren), daß er noch ein wenig Biß hat.
3/4 des Mürbteiges rund ausrollen und auf ein mit Trennpapier belegtes Blech legen. Tortenring darum stellen, den restlichen Teig zu einem Strang formen, als Rand an den Tortenring drücken und backen.
Nach dem Auskühlen dünn Erdbeermarmelade aufstreichen und mit Löffelbiskuits belegen. Den ausgekühlten Rhabarber über die Löffelbiskuits geben.
Das Eiweiß mit den Schneebesen der Küchenmaschine aufschlagen; die Hälfte des Zuckers nach und nach zugeben. Den restlichen Zucker zum Schluß mit dem Kochlöffel unterheben.
Ca. 1/4 der Eiweißmenge in einen Spritzbeutel mit großer Sterntülle füllen. Die restliche Masse als Kuppel auf den Kuchen streichen.
Nach Belieben garnieren und mit Staubzucker übersieben.
Im heißen Ofen mit Oberhitze auf oberer Schiene kurz abflämmen.

1 Alle Zutaten zu einem Mürbteig verarbeiten und kühlstellen.

2 Rhabarber in Stücke schneiden und blanchieren.

3 Auf den gebackenen Mürbteig Erdbeermarmelade streichen und Löffelbiskuits auflegen.

4 Rhabarber darüber verteilen.

5 Das geschlagene Eiweiß kuppelförmig aufstreichen und ausgarnieren.

18 · Erdbeerroulade

Füllung:
350 g Erdbeeren
120 g Zucker
Saft von 1/2 Zitrone
750 ml Sahne
8 Blatt Gelatine

Roulade:
5 Eier
140 g Zucker
Abrieb von 1/3 Zitrone
150 g Mehl
40 g Butter
25 g gehobelte Haselnüsse
oder Mandeln

ca. 15 ganze Erdbeeren je
nach Größe

Form:
Backblech, Größe 40 x 37 cm
Backtrennpapier

Backzeit:
Elektro: 180 — 12 Minuten
Gas: 2-3 — 12 Minuten
Umluft: 170 — 11 Minuten

Die Erdbeeren grob pürieren, Zucker und Zitronensaft dazugeben.

Eier, Zucker und das Abgeriebene von 1/3 Zitrone im Wasserbad mit dem Schneebesen warm schlagen; mit der Küchenmaschine weiter locker aufschlagen, bis die Masse kalt ist. Mehl darunterheben, zum Schluß die flüssige, lauwarme Butter. Die Biskuitmasse auf ein mit Trennpapier belegtes Blech in der Größe von ca. 38 x 35 cm gleichmäßig aufstreichen, gehobelte Mandeln aufstreuen und im heißen Ofen goldgelb backen.

Nach dem Backen noch im heißen Zustand ein gleichgroßes Trennpapier auf die Roulade legen und diese mit Schwung drehen. Das mitgebackene Papier abziehen. Die Roulade muß sofort gefüllt werden, je weicher sie noch ist, desto besser läßt sie sich rollen.

Sahne schlagen, Gelatine auflösen und unter das Fruchtmark geben. Die Sahne mit einem Schneebesen locker unter das Fruchtmark heben und auf die Roulade streichen. An einer Seite kleine bis mittelgroße ganze Erdbeeren auflegen. Von dieser Seite her aufrollen. Roulade bis ca. zur Mitte des Papiers zurückschieben und das Papier überschlagen. Mit einer Holzschiene oder einem Lineal zur Rolle pressen. Die Roulade in das gesamte Papier einschlagen und ca. 2—3 Stunden kühlstellen

1 Warm geschlagene Eier und Zucker mit der Küchenmaschine kalt und locker aufschlagen.

2 Biskuitmasse auf das mit Trennpapier belegte Blech streichen und Mandeln darüber streuen.

3 Nach dem Backen ein gleichgroßes Papier auf die Roulade legen, mit Schwung drehen und das mitgebackene Papier abziehen.

4 Erdbeersahne auf die Roulade streichen, an einer Seite ganze Erdbeeren
aufreihen.

5 Roulade um die Erdbeeren etwas
andrücken und von der Erdbeerseite her
aufrollen.

6 Roulade auf dem Papier zur Mitte
schieben, der Schluß muß unten liegen.
Papier darüber schlagen und mit einem
Lineal zur Roulade hin straff ziehen.

Brandteig:
150 ml Milch
 30 g Butter
Prise Zucker
Prise Salz
90 g Mehl
2 Eier
1 Eigelb

Zum Glasieren:
120 g Johannisbeer- oder
Himbeergelee
200 g Puderzucker
etwas Wasser

Füllung:
500 ml geschlagene Sahne
2 Blatt Gelatine
2 kleine Kiwis
ca. 10 mittelgroße Erdbeeren

Form:
Backblech, Backtrennpapier

Backzeit:
Elektro: 180 — 30-35 Minuten
Gas: 2-3 — 30-35 Minuten
Umluft: 170 — 25-30 Minuten

Einen Brandteig herstellen. Dazu Milch, Butter, Zucker und Salz in einem Topf zum Kochen bringen. Das Mehl unter ständigem Rühren mit dem Kochlöffel dazugeben und eine Minute abrösten. In einer Schüssel abkühlen lassen. Nach und nach die Eier einzeln zugeben. Nach jedem Ei wird die Masse mit dem Kochlöffel glattgerührt. Mit einem Spritzbeutel mit Sterntülle Nr. 14 ein Herz auf ein mit Trennpapier belegtes Blech spritzen. In den vorgeheizten Ofen schieben und backen.

Nach dem Auskühlen das Herz vorsichtig waagrecht durchschneiden. Das Oberteil mit heißem Himbeergelee bestreichen. Puderzucker und Wasser zu einem Brei anrühren und über das inzwischen abgetrocknete rote Gelee pinseln.

Sahne schlagen. Die im kalten Wasser eingeweichte Gelatine ausdrücken, auf der Feuerstelle auflösen und unter die Sahne heben.

Kiwis schälen und in Scheiben schneiden, Erdbeeren halbieren. Die Sahne mit einem Spritzbeutel auf den Boden spritzen. Früchte darüber verteilen.

Das Oberteil aufsetzen.

1 Brandteig 1 Minute auf der Feuerstelle abrösten.

2 Nach und nach die Eier zugeben und mit dem Kochlöffel unterrühren.

3 Mit dem Spritzbeutel ein Herz aufspritzen.

4 Waagerecht durchschneiden und das Oberteil mit heißem Johannisbeergelee bestreichen.

5 Geschlagene Sahne auf den Boden spritzen und Früchte auflegen.

20 · Erdbeerkuchen (od. Himbeerkuchen)

Biskuitmasse:
5 Eier
150 g Zucker
Abrieb von 1/2 Zitrone
155 g Mehl
50 g Butter

Zum Ausstreuen für das Kuchenblech:
50 g Löffelbiskuits

Vanillecreme
200 ml Milch
30 g Zucker
2 Eigelb
Mark von 1/2 Vanilleschote
20 g Stärkepuder

Zum Überstreuen
50 g Löffelbiskuits

Zum Auflegen:
ca. 1,5 kg Erdbeeren (oder Himbeeren)
1 Päckchen Tortenguß

Form:
Kuchenblech Größe
40 x 37 cm

Backzeit:
Elektro: 180 — 12 Minuten
Gas: 2-3 — 12 Minuten
Umluft: 170 — 10 Minuten

Eier, Zucker und das Abgeriebene einer halben Zitrone im Wasserbad warm schlagen. Mit den Schneebesen der Küchenmaschine kalt und locker aufschlagen. Das Mehl mit dem Kochlöffel unterheben, zum Schluß die flüssige, warme Butter daruntergeben.

Das Kuchenblech buttern und mit geriebenen Löffelbiskuits dünn ausstreuen. Biskuitmasse auf das Kuchenblech geben und glattstreichen. Ganz zart backen.

Milch, Zucker, Eigelb, das Mark einer halben Vanilleschote und Stärkepuder unter ständigem Rühren zum Kochen bringen und sofort auf den Biskuitboden verteilen. Geriebene Löffelbiskuits darüberstreuen. Dadurch bekommen die Erdbeeren eine gute Bindung zum Biskuit und rutschen nicht vom Kuchen. Erdbeeren oder auch frische Himbeeren auflegen.

Mit Tortenguß abglänzen.

1 Mit dem Kochlöffel das Mehl unter die kalt und locker aufgeschlagene Eiermasse heben.

2 Zum Schluß die lauwarme Butter darunterheben.

3 Biskuitmasse auf das gefettete und mit Löffelbiskuits ausgestreute Backblech streichen.

4 Warme Vanillecreme auf den Biskuitboden streichen. Danach mit Beeren
belegen.

21 · Maibombe

1 Mehl, Zimt, Nüsse und Kakaopulver mit dem Kochlöffel unter die aufgeschlagene Eiermasse heben, zum Schluß die lauwarme Butter.

2 Abgezupfte, gewaschene Erdbeeren in eine tiefe Schüssel geben.

3 Warmes Weingelee darübergießen.

Für den *Biskuit* die Eier, Eigelb und Zucker im Wasserbad mit dem Schneebesen warm schlagen, mit dem Rührgerät kalt und locker aufschlagen.

Mehl, Zimt, Kakaopulver und die geriebenen Nüsse vermengen und unter die Eiermasse geben. Zum Schluß die lauwarme Butter dazugeben. In die Kuchenform füllen und backen.

Für den *Mürbteig* Zucker, Butter, Mehl, Eigelb und Salz auf der Tischplatte zu einem Teig verkneten, in der Größe des Biskuitbodens ausrollen und backen.

Erdbeeren abzupfen und waschen, eine tiefe Schüssel mit kaltem Wasser ausspülen und die Erdbeeren in diese schütten.

7 Päckchen Tortenguß mit Maiwein oder einem trockenen Weißwein, dem Zucker und dem Zitronensaft aufkochen. Der Inhalt eines Beutels Tortenguß ist normalerweise für 1/4 l Flüssigkeit ausreichend. Bei diesem Kuchen müssen jedoch für 1 1/4 l Flüssigkeit 7 Päckchen genommen werden, damit die Erdbeeren einen guten Halt bekommen.

Das Gelee etwas abkühlen lassen und die Erdbeeren damit übergießen.

Milch, Zucker, Eigelb, Stärkepuder und das Mark der Vanilleschote unter ständigem Rühren aufkochen und 3/4 der Menge über die Erdbeeren geben und glattstreichen. Nußbiskuitboden auflegen, die restliche Vanillecreme aufstreichen und den Mürbteigboden darübergeben.

2 Stunden kühl stellen und auf einen Tortendeckel stürzen.

Sollte sich die Erdbeerbombe etwas schwierig aus der Form lösen, so diese kurz in warmes Wasser halten.

Biskuit:
2 Eier, 1 Eigelb
75 g Zucker, 80 g Mehl
1 Msp. Zimt, 2 TL Kakaopulver
20 g geriebene Haselnüsse
20 g Butter

Mürbteigboden:
35 g Zucker, 70 g Butter
105 g Mehl, 1 Eigelb
1/2 Prise Salz

Belag:
2 kg Erdbeeren
7 Päckchen Tortenguß
1 1/4 l Maiwein oder Weißwein
10 gestrichene Eßlöffel Zucker
Saft einer Zitrone

Vanillecreme:
200 ml Milch
25 g Zucker, 2 Eigelb
20 g Stärkepuder
Mark von 1/3 Vanilleschote

Form:
Kuchenform, ⌀ 25—30 cm

Backzeit Biskuit:
Elektro: 180 — 12 Minuten
Gas: 2-3 — 12 Minuten
Umluft: 170 — 10 Minuten

Backzeit Mürbteigboden:
Elektro: 180 — 10 Minuten
Gas: 2-3 — 10 Minuten
Umluft: 170 — 9 Minuten

4 Vanillecreme darüberstreichen.

5 Nußbiskuit- und Mürbteigboden auflegen.

Fruchtsaft, Eigelb, Zucker und Stärkepuder in einer Schüssel oder einem Topf auf der Feuerstelle unter leichtem Aufschlagen kurz aufkochen.

Die im kalten Wasser eingeweichte Gelatine ausdrücken und gut darunterrühren. In eine Schüssel umschütten und auskühlen lassen, was nur einige Minuten dauert. Ist die Creme fast abgekühlt, die Schnäpse und den Zitronensaft darunterrühren und die geschlagene Sahne unterheben. Läßt man die Creme zu lange abkühlen, wird diese durch die Gelatine fest und ein Glattrühren ist nicht mehr möglich.

Für die Charlotte kann eine beliebige Form verwendet werden. Wichtig ist, daß sie ein Fassungsvermögen von 1 Liter hat. (Besser vorher prüfen, indem man 1 l Wasser einfüllt.)

Die Hälfte der Masse in die mit kaltem Wasser ausgespülte Form füllen. Löffelbiskuits einlegen, kräftig mit Curaçao überspritzen, die restliche Masse darübergeben und kühlstellen. Nach ca. 3—4 Stunden stürzen und ein paar Kokosraspel aufstreuen. Eine besondere, hochsommerliche Gaumenfreude ist es, wenn die Charlotte 1 Stunde vor dem Servieren in das Gefrierfach gestellt wird, also ganz zart angefroren ist.

Eventuell mit frischen Früchten servieren.

200 ml Ananassaft
2 Eigelb
30 g Zucker
20 g Stärkepuder
7 Blatt Gelatine
6 cl Crème de Coco
6 cl Curaçao blue
2 cl weißer Rum
Saft einer Zitrone
400 ml Sahne, mit
  30 g Zucker aufgeschlagen

70 g Löffelbiskuits

Zum Überstreuen:
20 g Kokosraspel

Beliebige Früchte als Beilage

Form:
beliebig

1 Grundcreme unter leichtem Schlagen kurz aufkochen.

2 Schnäpse unter die ausgekühlte Creme rühren. Dann die Sahne unterheben.

3 In die Form (1 l) füllen und Löffelbiskuits einlegen.

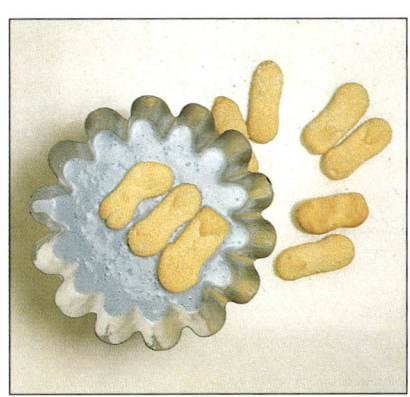

23 · Glasierter Pfirsichkuchen

800 g Pfirsiche (Kirschen, Äpfel)

Sandmasse:
280 g Butter
280 g Zucker
5 Eier
Mark von 1/2 Vanilleschote
Abrieb von 1/2 Zitrone
230 g Mehl
75 g Stärkepuder
1 gestrichener TL Backpulver

Glasur:
4 cl Rum
200 g Puderzucker

Form:
runde Kuchenform,
⌀ ca. 30 cm

Backzeit:
Elektro: 180 — 35 Minuten
Gas: 2-3 — 35 Minuten
Umluft: 170 — 30 Minuten

Schöne reife Pfirsiche in Schnitze schneiden. Zu Beginn der Pfirsichsaison sind diese noch sehr hart. Dann empfiehlt es sich, die Früchte kurz in kochendes Wasser zu legen und die Haut abzuziehen.

Butter und Zucker mit dem Schneebesen glattrühren, Eier, das Mark einer halben Vanilleschote, das Abgeriebene einer halben Zitrone langsam zugeben. Die Masse nur glatt, nicht schaumig rühren.

Das Mehl, Stärkepuder und das Backpulver mit der Küchenmaschine langsam darunterrühren. In die gebutterte Form füllen, glattstreichen und die Pfirsiche auflegen. In den vorgeheizten Backofen schieben und zart backen.

Rum und Puderzucker glattrühren und mit einem Pinsel auf den heißen Kuchen auftragen. Dieser Kuchen kann anstatt mit Pfirsichen auch mit *Kirschen* oder *Äpfeln* hergestellt werden.

1 Pfirsiche in Schnitze schneiden.

2 Mehl, Stärkepuder und Backpulver unter die Buttermasse rühren.

3 Auf die glattgestrichene Sandmasse die Pfirsiche verteilen.

4 Rum und Puderzucker verrühren und auf den heißen Kuchen aufpinseln.

Nußschokoladen-Mürbteig:
250 g Mehl
  50 g geriebene bittere
    Schokolade
  50 g grob geriebene Nüsse
Messerspitze Zimt
200 g Butter
100 g Zucker
2 Eigelb

750 g Johannisbeeren

Schaummasse:
8 Eiweiß
500 g Zucker

Zum Bestreuen:
20 g gehobelte, geröstete
Mandeln

Zum Übersieben:
Puderzucker

Form:
Springform, ⌀ 30 cm

Backzeit: für Mürbteig
Elektro: 180 — 12 Minuten
Gas: 2-3 — 12 Minuten
Umluft: 170 — 10 Minuten

Baissermasse *abflämmen*
(= hellbraun werden lassen,
siehe Farbtafel)

Zuerst den Nußschokoladenmürbteig herstellen (vgl. Grundrezept Seite 12).
Dazu aus dem Mehl, der feingeriebenen Bitterschokolade, den grob geriebenen Nüssen und dem Zimt auf dem Brett einen Kranz formen. Mit der Butter, dem Zucker und den Eigelben einen Teig kneten und 1 Stunde kühlstellen.
Frische Johannisbeeren, rot, schwarz oder gemischt, abzupfen. Mürbteigboden ausrollen, mit einem kleinen Rand in die Form legen und backen.
Eiweiß zu steifem Schnee schlagen; die Hälfte des Zuckers nach und nach zugeben. Ist das Eiweiß steif, den restlichen Zucker und die Früchte mit einem Kochlöffel unterziehen.
Als Kuppel auf den Mürbteigboden aufstreichen und unregelmäßige Spitzen abziehen. Gehobelte Mandeln überstreuen, mit Staubzucker besieben und im Ofen bei Oberhitze abflämmen.

1 Den fertigen Mürbteig als Boden ausrollen, ausstechen (am besten mit der Springform) und einen Rand darum legen.

2 Eiweiß mit einem Teil des Zuckers zu Schnee schlagen, dann mit einem Kochlöffel den restlichen Zucker und die Beeren darunterheben.

3 Kuppelförmig aufstreichen.

25 · Kirsch-Käsekuchen

Mürbteig:
300 g Mehl
100 g Zucker
200 g Butter
Prise Salz
Mark von 1/4 Vanilleschote
Abrieb von 1/4 Zitrone
1 Eigelb

Quarkmasse:
750 g Speisemagerquark
2 Eier
200 g Zucker
30 g Vanillepuddingpulver
das Mark einer 1/2 Vanilleschote
350 ml Milch
80 g Butter

200 g Kirschen aus dem Glas

Streusel:
50 g Butter
50 g Zucker
1 Msp. Zimt
75 g Mehl

Form:
flache Kuchenform,
⌀ ca. 30 cm

Backzeit:
Elektro: 180 — 40 Minuten
Gas: 2-3 — 40 Minuten
Umluft: 170 — 35 Minuten

Für den Mürbteig das Mehl abwiegen und zu einem Kranz bilden.
In die Mitte Zucker, Butter, Salz, das Mark von 1/4 Vanilleschote, das Abgeriebene von 1/4 Zitrone und das Eigelb geben. Alle Zutaten vermengen und zu einem Teig kneten. Eine Stunde kühlstellen.
Teig ausrollen und eine flache gebutterte Form mit Rand damit auslegen.

Speisemagerquark in einem Küchentuch ausdrücken. Mit Eiern, Zucker, Puddingpulver, dem Mark einer halben Vanilleschote und Milch anrühren. Die flüssige, warme Butter zugeben. Quarkmasse in die Form füllen.
Eingemachte Kirschen, evtl. auch Zwetschgen abtropfen lassen und über den Quark verteilen.
Für die Streusel Butter, Zucker und Zimt mit der Küchenmaschine glattrühren, Mehl zugeben und von Hand zu Streuseln arbeiten (zwischen den Handflächen zu Streuseln »rubbeln«).
Streusel über den Kuchen streuen und in den vorgeheizten Backofen schieben.

Mit frischen, knackigen Kirschen schmeckt der Kuchen am besten.

1 Alle Zutaten vermengen und gut durchkneten.

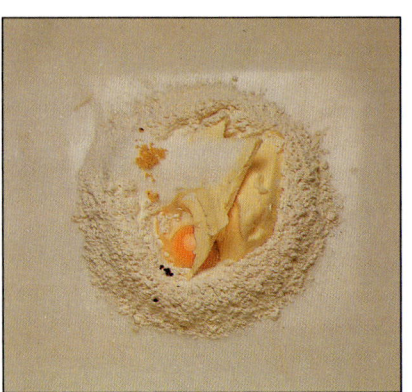

2 Quarkmasse zusammenwiegen, Milch zugeben und glattrühren. Zum Schluß die flüssige Butter zugeben.

3 Quarkmasse in die mit Mürbteig ausgelegte Form geben.

4 Alle Zutaten zusammen kneten, dann zwischen den Handflächen zu Streuseln reiben.

5 Kirschen und Streusel auf der Quarkmasse verteilen.

26 · Himbeerkuchen

Mürbteig:
100 g Mehl, 35 g Zucker
70 g Butter, Prise Salz
Abrieb von 1/8 Zitrone
1 Eigelb

ca. 100 g Johannisbeer-,
Erdbeer- oder Himbeermar-
melade

Biskuit:
3 Eier, 1 Eigelb, 105 g Zucker,
110 g Mehl, 35 g Butter

Vanillecreme:
200 ml Milch, 40 g Zucker
2 Eigelb, 20 g Stärkepuder

1,2 kg Himbeeren
1 Päckchen Tortenguß

Zum Aufstreuen:
Semmelbrösel

Form:
Springform, ⌀ 28—30 cm

Backzeit Mürbteig:
Elektro: 180 — 10 Minuten
Gas: 2-3 — 10 Minuten
Umluft: 170 — 9 Minuten

Backzeit Biskuit:
Elektro: 180 — 12 Minuten
Gas: 2-3 — 12 Minuten
Umluft: 170 — 10 Minuten

Für den Mürbteig das Mehl abwiegen und einen Kranz bilden. In die Mitte Zucker, Butter, Salz, das Abgeriebene von 1/8 Zitrone und das Eigelb geben. Alle Zutaten zusammen vermengen und zu einem Teig kneten, etwas kühl stellen. Danach einen Boden ausrollen und diesen backen.

Für die Biskuitmasse Eier, Eigelb und Zucker im Wasserbad warm schlagen, mit den Schneebesen der Küchenmaschine weiterschlagen, bis die Masse kalt ist. Mit dem Kochlöffel das Mehl darunterheben, zum Schluß die aufgelöste Butter. In eine Springform füllen und backen. Auf den Mürbteigboden dünn Marmelade streichen, den ausgekühlten Biskuitboden auflegen, den Tortenring darum stellen.

In einer Schüssel Milch, Zucker, Eigelb und Stärkepuder unter ständigem Rühren auf der Feuerstelle zum Kochen bringen. Diesen Pudding heiß auf den Biskuitboden geben und glattstreichen. Der darumgestellte Ring schützt vor dem Ablaufen. Kurz auskühlen lassen und mit frischen Himbeeren belegen.

Auch im Winter schmeckt ein Himbeerkuchen mit tiefgefrorenen Beeren vorzüglich. In diesem Fall eine dünne Schicht Semmelbrösel auf den Pudding streuen, die Früchte gefroren auf den Kuchen legen und sofort mit heißem Gelee abglänzen.

Das Gelee muß bei gefrorenen Himbeeren etwas dicker sein; deshalb 2 Päckchen Tortenguß verwenden, da sonst die Gefahr besteht, daß der Saft der Früchte abläuft.

1 Mürbteigboden in der Größe der runden Kuchenform oder des Tortenringes ausrollen.

2 Die im Wasserbad warm aufgeschlagenen Eier mit der Küchenmaschine kalt und locker aufschlagen.

3 Biskuitmasse in die Springform füllen und glattstreichen.

4 Früchte auf die Puddingschicht legen und mit Tortenguß abglänzen.

27 · Aprikosen-Rahmkuchen

Geriebener Teig:
250 g Mehl
125 g Butter
 60 g Zucker
 60 ml Milch
  5 g Salz
2 Eigelb

1,2 kg Aprikosen

Zum Aufstreuen:
50 g geriebene Löffelbiskuits
oder Semmelbrösel
30 g gestiftelte Mandeln

Sahnesauce:
400 ml Sahne
 50 g Zucker
2 Eier
2 Eigelb
20 g Stärkepuder
Abrieb von 1/2 Zitrone

Form:
flache Kuchenform, ⌀ 30 cm

Backzeit:
Elektro: 180 — 35 Minuten
Gas: 2-3 — 35 Minuten
Umluft: 170 — 30 Minuten

Mehl und Butter zwischen den Handflächen zu Streuseln verreiben und auf dem Tisch zu einem Kranz formen.
Zucker, Salz, Eigelb und Milch dazugeben und zu einem glatten Teig verarbeiten. Ca. 20 Minuten abgedeckt ruhen lassen.
Frische Aprikosen waschen und halbieren. Eine flache Kuchenform ausbuttern und mit dem ausgerollten Teig mit Rand auslegen.
Löffelbiskuit- oder Semmelbrösel auf den Boden streuen. Früchte auflegen, Mandelsplitter überstreuen und die Sahnesauce darübergießen. Dazu werden in einer Schüssel Sahne, Zucker, Eier, Eigelb, Stärkepuder und das Abgeriebene einer halben Zitrone glattgerührt.
In den vorgeheizten Ofen schieben und backen.
Dieser Kuchen kann auch mit anderen frischen Früchten hergestellt werden, mit *Kirschen*, *Pfirsichen*, *Rhabarber* oder *Zwetschgen*.

1 Die im Mehl verriebene Butter mit den anderen Zutaten zu einem Teig kneten.

2 Teig ausrollen und die Form mit Rand auslegen (der Teig ist sehr dünn).

3 Früchte auflegen und Mandelsplitter darüberstreuen.

4 Sahnesauce
darübergießen und backen.

28 · Oma's Kirschblech

Hefeteig:
200 ml Milch
30 g Hefe
500 g Mehl
60 g Zucker
8 g Salz
1 Ei
2 Eigelb
50 g Butter
Mark von 1/4 Vanilleschote
Abrieb von 1/4 Zitrone

50 g Löffelbiskuits
2 1/2 kg Kirschen

Streusel:
150 g Butter
150 g Zucker
220 g Mehl
3 Msp. Zimt

Form:
Backblech, 40 x 37 cm

Backzeit:
Elektro: 180 — 30 Minuten
Gas: 2-3 — 30 Minuten
Umluft: 170 — 25 Minuten

Für den Hefeteig in einer Schüssel die Milch etwas anwärmen und die Hefe darin auflösen. Alle restlichen Zutaten in die Schüssel geben. Mit den Knethaken der Küchenmaschine zu einem Teig kneten. Ist dieser schön glatt und schlägt Blasen, mit einem Tuch abdecken und ca. 60 Minuten, je nach Raumtemperatur, ruhen lassen.

Frische helle, knackige Kirschen entsteinen.

Hefeteig ausrollen, auf ein gebuttertes Backblech legen und ca. 1/2 Stunde gehen lassen. Zerdrückte Löffelbiskuits dünn darüberstreuen und die entsteinten Kirschen auflegen.

Für die Streusel Butter und Zucker mit der Küchenmaschine glattrühren. Mehl und Zimt zugeben und zwischen den Handflächen Streusel reiben. Die Streusel gleichmäßig über den mit Kirschen belegten Hefeteig verteilen. In den vorgeheizten Ofen schieben.

1 Alle Zutaten in die Schüssel mit der Milch und der aufgelösten Hefe geben und einen Teig kneten.

2 Löffelbiskuitbrösel auf den Hefeteig streuen und die entsteinten Kirschen darüber verteilen.

3 Butter und Zucker glattrühren. Von Hand mit Mehl und Zimt zu Streuseln arbeiten.

4 Streusel gleichmäßig verteilen.

29 · Fränkisches Kirschenmännle

Kirschenmännle:
10 alte Brötchen
1/2 l Milch
1/2 l Sahne
4 Eier
70 g Zucker
Abrieb von 1/2 Zitrone
1 TL Zimt

1,8 kg frische Kirschen

Zum Überpinseln:
120 g Butter

Zimtzucker:
70 g Zucker
1 TL Zimt

Vanillesauce:
1/4 l Milch
1/4 l Sahne
3 Eigelb
40 g Zucker
10 g Stärkepuder
Mark einer Vanilleschote

Form:
Backblech oder Pfanne, ca.
30 x 15 cm, 5—6 cm hoch

Backzeit:
Elektro: 190 — 40 Minuten
Gas: 2-3 — 40 Minuten
Umluft: 180 — 35 Minuten

Eine hervorragende Spezialität aus Franken:

Einen Tag alte Brötchen in Würfel schneiden.
Milch, Sahne, Eier, Zucker und das Abgeriebene einer halben Zitrone in einer Schüssel mit dem Schneebesen glattrühren.
Frische Kirschen entsteinen. Brötchen, Kirschen und Zimt unter die Eier-Sahnemischung heben und etwas ziehen lassen.
Backblech oder Pfanne kräftig ausbuttern und die Masse einfüllen. In den vorgeheizten Backofen schieben. Nach der halben Backzeit mit flüssiger Butter bepinseln und Zimtzucker darüberstreuen.

Zum Kirschenmännle wird *Vanillesauce* gereicht: Milch, Sahne, Eigelb, Zucker, Stärkepuder und das Mark einer Vanilleschote unter ständigem Rühren im Wasserbad aufschlagen, bis die Masse sämig ist, danach abkühlen lassen.
Am besten schmeckt das Kirschenmännle, wenn es warm mit kalter Vanillesauce serviert wird.

Fränkisches Kirschenmännle · 29

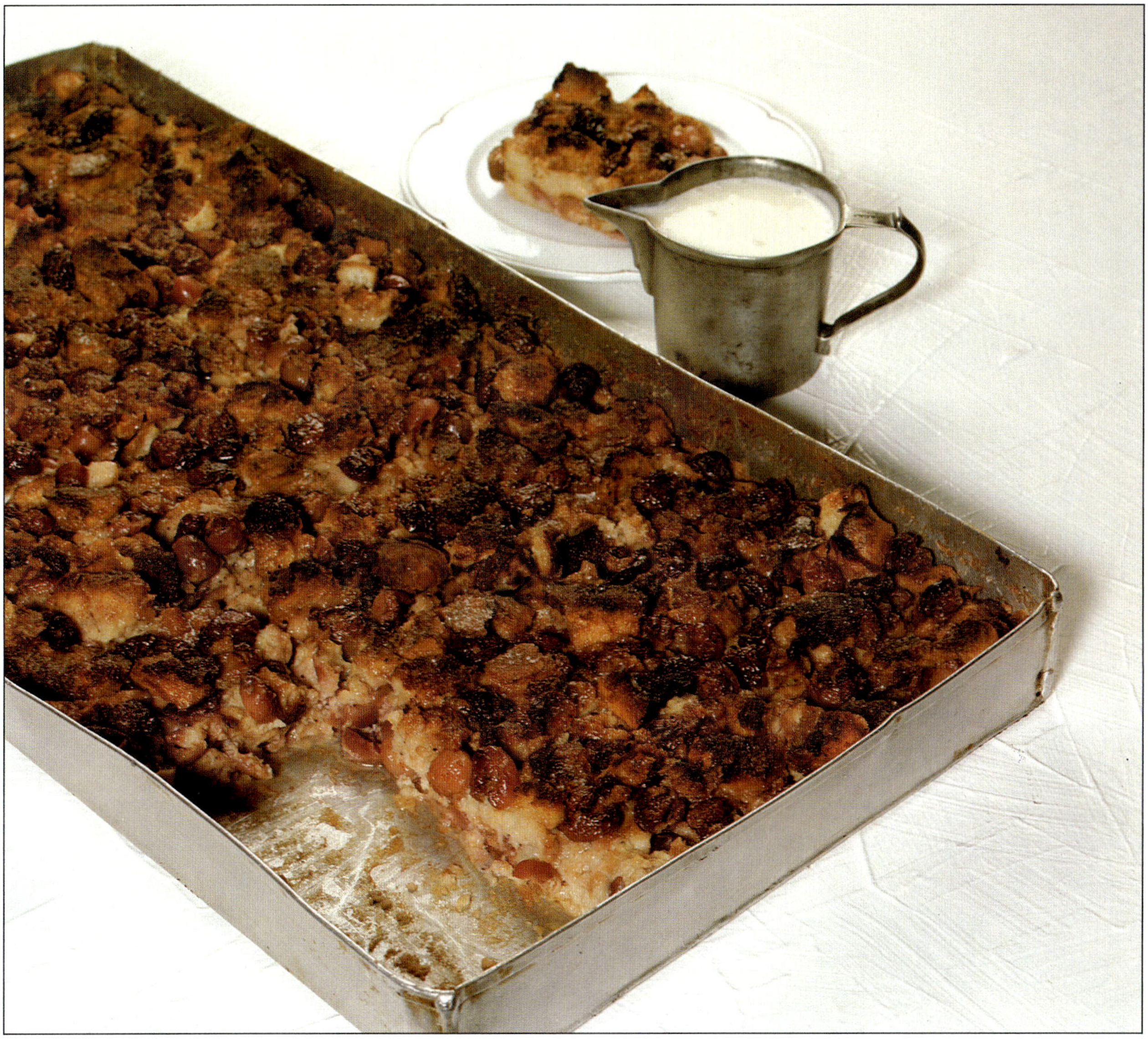

1 1 Tag alte Brötchen würfelig schneiden.

2 Eier-Sahnemasse gut glattrühren, Brötchen, Kirschen und Zimt darunterheben.

3 Nach der halben Backzeit buttern und kräftig mit Zimtzucker überstreuen.

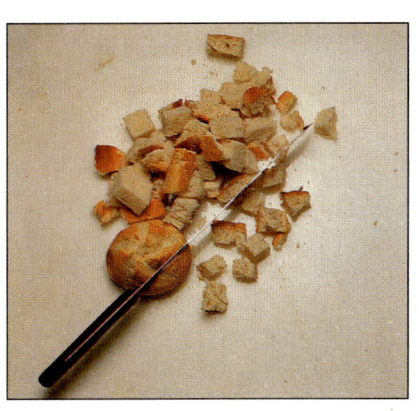

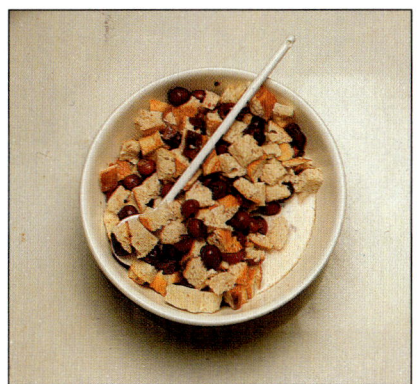

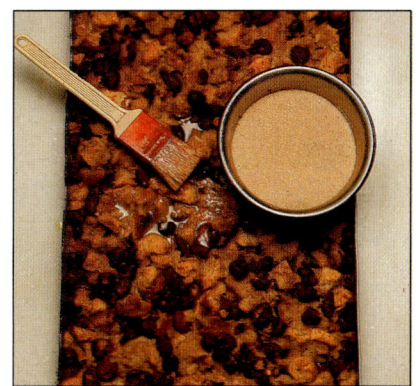

Bayerischer Johannisbeergugelhupf · 30

Milch, Eigelb, Stärkepuder und Zucker in einem Kessel unter ständigem Rühren zum Kochen bringen. Die im kalten Wasser eingeweichte Gelatine ausdrücken und unter die noch heiße Creme rühren.

In der Zeit, bis die Creme leicht abgkühlt ist, die Johannisbeeren abzupfen und waschen.

Sahne schlagen und mit den Johannisbeeren unter die Creme heben.

Diese Masse in eine mit kaltem Wasser ausgespülte Gugelhupfform füllen und Löffelbiskuits auflegen, bis die Form ganz abgedeckt ist, wobei die Löffelbiskuits ein wenig zugeschnitten werden müssen. 3—4 Stunden im Kühlschrank gut durchkühlen lassen und stürzen. Dazu die Form bis zum Rand kurz in heißes Wasser halten. Mit Johannisbeerrispen garnieren und Crème de Cassis darüberträufeln.

Sahnecreme:
400 ml Milch
4 Eigelb
40 g Stärkepuder
40 g Zucker
8 Blatt Gelatine

400 g Johannisbeeren halb rot, halb schwarz
800 ml Sahne

ca. 200 g Löffelbiskuits

2 cl Crème de Cassis

1 Creme abkochen und Gelatine unterrühren.

2 Geschlagene Sahne und Johannisbeeren leicht darunterheben.

3 In die mit Wasser ausgespülte Gugelhupfform einfüllen, danach Löffelbiskuits auflegen.

31 · Aprikosenmandelkuchen

Mürbteig:
300 g Mehl
100 g abgezogene geriebene
Mandeln
1 TL Zimt
100 g Zucker
2 Eigelb
200 g Butter
1 Prise Salz

Füllung:
150 g Marzipanrohmasse
50 g Zucker
2 Eigelb
2 cl Rum

1 kg Aprikosen
50 g Butter zum Abpinseln

Zimtzucker:
30 g Zucker
1 Msp. Zimt

Form:
Springform oder Tortenring,
⌀ ca. 28 cm

Backzeit:
Elektro: 180 — 35 Minuten
Gas: 2-3 — 35 Minuten
Umluft: 170 — 30 Minuten

Für den Mandelmürbteig das Mehl, die geriebenen Mandeln und Zimt abwiegen und einen Kranz davon bilden. Zucker, Eigelb, Butter und Salz zugeben und alles zu einem Teig kneten; ca. 1/2 Stunde kühlstellen.

Dreiviertel des Teiges rund ausrollen und in die gebutterte Form oder auf ein Blech legen und einen Tortenring darum stellen.

Von dem restlichen Teig einen Strang formen und als Rand in die Form drücken.

Marzipan, Zucker, Eigelb und Rum glattarbeiten und auf den Mürbteig streichen. Aprikosenviertel auflegen, in den vorgeheizten Ofen schieben und backen, bis der Boden goldgelb ist.

Noch im heißen Zustand mit der aufgelösten Butter überpinseln und Zimtzucker darüberstreuen.

1 Alle Zutaten für den Teig zusammenkneten.

2 Marzipanfüllmasse zusammenwiegen und glattarbeiten.

3 Marzipanfüllmasse gleichmäßig verteilen.

4 Früchte auflegen.

2 Einzeln die Eier zugeben und unterrühren.

1 Brandmasse ca. 1 Minute auf der Feuerstelle abrösten.

Milch, Butter, Zucker und Salz zum Kochen bringen. Unter ständigem Rühren das Mehl zugeben und ca. 1 Minute abrösten. Die abgeröstete Masse in eine frische Schüssel geben und auskühlen lassen. Die Eier einzeln mit dem Kochlöffel unter die Masse rühren.

Die Masse auf zwei mit Trennpapier belegte Bleche verteilen und in der Größe eines Tortenringes mit dem Löffel verstreichen. Sie darf etwas ungleichmäßig aufgetragen sein, dadurch entsteht ein rustikales Aussehen. In den vorgeheizten Backofen schieben und goldgelb backen.

Die Heidelbeeren sind sehr unterschiedlich: entweder mehlig oder sehr saftig. Um ein Durchweichen des Kuchens zu vermeiden, sollte man bei saftigen Früchten einen Mürbteigboden daruntersetzen. Dazu aus den angegebenen Zutaten einen Teig kneten, in der Größe des Brandteiges ausrollen und backen. Als Verbindung dünn Marmelade auf den Mürbteigboden streichen und einen Brandteigboden auflegen.

Dreiviertel der Heidelbeeren mit dem Zucker vermischen, mit der Gabel etwas andrücken und auf dem Boden verteilen.

Sahne und Eigelb aufschlagen, Zucker und Vanille zugeben. Die im kalten Wasser eingeweichte Gelatine gut ausdrücken und in einer kleinen Schüssel mit dem Rum erhitzen und auflösen. Mit dem Handbesen die Gelatine unter die Sahne rühren und auf den Boden mit dem Spritzbeutel aufspritzen oder mit dem Messer aufstreichen. Die restlichen Heidelbeeren darüber verteilen, den Boden auflegen und 2—3 Stunden kühl stellen.

Für das Einbandbild wurde der obere Boden mit heißer Heidelbeermarmelade bestrichen und mit Zuckerglasur überglänzt. Dafür Staubzucker und Wasser anrühren und mit dem Pinsel auftragen.

Brandmasse:
280 ml Milch, 70 g Butter,
1 Prise Salz, 1 Prise Zucker,
170 g Mehl, 6 Eier

Füllung:
500 g Heidelbeeren mit
150 g Zucker andrücken
100 g Heidelbeeren
zum Verteilen über die Sahne

Sahnefüllung:
650 ml Sahne, 1 Eigelb
Mark von 1/2 Vanilleschote
80 g Zucker, 4 Blatt Gelatine
1 cl Rum

Mürbteigboden:
100 g Mehl, 35 g Zucker
70 g Butter, 1/8 abgeriebene
Zitrone, 1 Eigelb

Zum Bestreichen:
50 g Marmelade

Form:
Springform, ∅ 28—30 cm

Backzeit Brandteig:
Elektro: 180 — 35 Minuten
Gas: 2-3 — 35 Minuten
Umluft: 170 — 30 Minuten

Backzeit Mürbteig:
Elektro: 180 — 7 Minuten
Gas: 2-3 — 7 Minuten
Umluft: 170 — 6 Minuten

3 Mit einem Löffel die Teigmasse für die beiden Böden verteilen.

4 Mit der Gabel 3/4 der Heidelbeeren mit dem Zucker zerdrücken und auf den Boden aufstreichen.

5 Geschlagene Sahne aufspritzen und die restlichen Heidelbeeren darauf verteilen.

33 · Gugelhupf

Hefeteig:
1/4 l Milch
50 g Hefe
525 g Mehl
150 g Butter
100 g Zucker
10 g Salz
Abrieb von 1/4 Zitrone
Mark von 1/4 Vanilleschote
2 Eier
4 Eigelb

200 g Sultaninen
150 g gehobelte Mandeln

Zum Abpinseln:
100 g Butter

Zum Übersieben:
Puderzucker

Form:
Gugelhupfform, ∅ ca. 26 cm,
Höhe ca. 13 cm

Backzeit:
Elektro: 180 — 35 Minuten
Gas: 2-3 — 35 Minuten
Umluft: 170 — 32 Minuten

Für den Hefeteig Milch in einer Schüssel anwärmen, Hefe darin auflösen und mit einem Teil des Mehles einen dicken Brei anrühren. Dieses Hefestück ca. 15 Minuten abgedeckt gehen lassen. Butter, Zucker, Salz, abgeriebene Zitronenschale, Mark der Vanilleschote, Eier und Eigelb mit dem Schneebesen der Rührmaschine glattrühren.

Diese glattgerührte Masse zu dem Hefestück geben und mit dem restlichen Mehl zu einem glatten Teig verarbeiten. Mit einem Tuch abgedeckt 60 Minuten ruhen lassen.

Sultaninen und gehobelte Mandeln unter den Teig drücken und zu einem kurzen dicken Strang formen. Gugelhupfform kräftig ausbuttern und den Teig einlegen. Die beiden Enden mit Wasser bestreichen und kräftig zusammendrücken. An einem warmen Ort gehen lassen, bis die Form fast voll ist; in den vorgeheizten Ofen schieben.

Nach dem Backen den Gugelhupf noch in der Form kräftig mit Butter abpinseln.
Auf ein Gitter stürzen und sofort mit Staubzucker übersieben.

1 Hefe in der Milch auflösen und mit etwas Mehl einen dicken Brei anrühren.

2 Alle Zutaten glattrühren und mit dem Mehl und Hefestück zusammen zu einem glatten Teig arbeiten.

3 Sultaninen und gehobelte Mandeln unter den Teig drücken.

4 Beide Teigenden mit Wasser bestreichen, gut zusammendrücken und in die Form legen.

5 Nach dem Backen sofort mit flüssiger Butter bepinseln und stürzen.

Eiweiß in einem fettfreien Kessel mit der Küchenmaschine zu Schnee schlagen. Die Hälfte des Zuckers langsam nach und nach zugeben. Den restlichen Zucker mit einem Kochlöffel unter das Eiweiß heben.

Mit einem Spritzbeutel mit Lochtülle runde Böden, mit der Sterntülle den Rand auf ein mit Trennpapier belegtes Blech spritzen. Bei 80° C in den abgeschalteten Backofen schieben und über Nacht trocknen.

Am nächsten Tag dünn mit Schokoladenglasur bestreichen, um ein zu schnelles Durchweichen zu verhindern.

In einer Schüssel Himbeersirup, Weißwein, Zucker und Stärkepuder aufkochen. Brombeeren unterziehen, nochmals kurz aufwallen lassen und zum Abkühlen beiseite stellen.

Die erkaltete Brombeergrütze in die Torteletts füllen. Als Garnierung in die Mitte einen Tupfen Sahne spritzen, sowie frische Brombeeren um den Rand legen. Außerhalb der Brombeersaison können auch gefrorene Früchte verwendet werden.

Anstelle der Brombeeren eignen sich auch *Himbeeren, Johannisbeeren, Erdbeeren* oder diese *Früchte gemischt.*

Baisermasse:
5 Eiweiß
300 g Zucker

Zum Bestreichen:
ca. 50 g Kuvertüre

Füllung:
100 g Himbeersirup
150 ml Weißwein
 75 g Zucker
 40 g Stärkepuder
750 g Brombeeren

Zum Garnieren
1/4 l Sahne
Brombeeren zum Belegen

Ergibt ca. 8—9 Stück,
Ø ca. 12 cm

Form:
Backblech, Backtrennpapier

Backzeit:
Über Nacht im erwärmten, dann abgeschalteten Backofen.

1 Eischnee mit dem Spritzbeutel mit Lochtülle als Boden, mit Sterntülle als Rand spritzen.

2 Brombeergrütze kurz aufkochen.

3 Boden der Torteletts mit aufgelöster Schokoladenglasur bestreichen und Brombeergrütze einfüllen.

35 · Pflaumensandkuchen

Sandmasse:
280 g Butter
140 g Zucker
140 g Bienenhonig
Mark von 1/2 Vanilleschote
Abrieb von 1/2 Zitrone
230 g Mehl
75 g Stärkepuder
1 gestr. TL Backpulver
5 Eier

800 g Pflaumen

Form:
runde Kuchenform,
⌀ ca. 30 cm

Backzeit:
Elektro: 180 — 35 Minuten
Gas: 2-3 — 35 Minuten
Umluft: 170 — 30 Minuten

Zimmerwarme Butter, Zucker und Bienenhonig schaumig rühren, das Mark einer halben Vanilleschote und das Abgeriebene einer halben Zitrone zugeben. Mehl, Stärkepuder und Backpulver vermengen. Eier und Mehlmischung abwechselnd in die Buttermasse rühren. Die Masse in eine ausgebutterte Form geben und glattstreichen.
Große fleischige Pflaumen halbieren und mit der Haut nach unten auf die Sandmasse legen; in den vorgeheizten Backofen schieben. Nach ca. 35 Minuten den Kuchen leicht betasten. Wenn er etwas federt, ist er fertig.

Als Früchte eignen sich auch *Sauerkirschen* und *Johannisbeeren* für diesen Kuchen.

1 Eier und Mehlmischung abwechselnd in die schaumige Butter geben.

2 Sandmasse in der gebutterten Form glattstreichen.

3 Pflaumen halbieren und auf der Sandmasse verteilen.

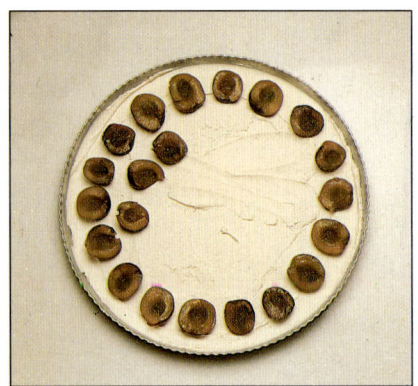

36 · Zwetschgendatschi

Hefeteig:
300 ml Milch
50 g Hefe
750 g Mehl
90 g Zucker
12 g Salz
2 Eier
2 Eigelb
75 g Butter

Zum Einrollen:
650 g Butter

Zum Aufstreuen:
100 g geriebene Löffelbiskuits

Zwetschgen je nach Stärke
des Fruchtbelags 2—3 kg

Zum Überstreuen:
100 g Zucker
1 TL Zimt

Form:
Backblech, ca. 40 x 37 cm

Backzeit:
Elektro: 180 — 30 Minuten
Gas: 2-3 — 30 Minuten
Umluft: 170 — 26 Minuten

Für den *Hefeteig* die Milch in einer Schüssel etwas anwärmen und die Hefe darin auflösen. Alle restlichen Zutaten in diese Schüssel geben, mit den Knethaken der Rührmaschine zu einem Teig kneten. Ist dieser schön glatt und schlägt Blasen, mit einem Tuch abdecken. 60 Minuten im Kühlschrank ruhen lassen (vgl. Grundrezept »Leichter Hefeteig«, Seite 8/9).

Für den *Hefeblätterteig* den Teig auf ca. 30 x 20 cm Größe ausrollen. Gekühlte Butter in Scheiben schneiden oder ein Stück mit etwas Mehl flachdrücken und auf die Hälfte des Teiges legen. Überschlagen und auf ca. 30 x 20 cm Größe ausrollen. Rechts bis 2/3 des Teiges einschlagen, linkes Teil darüberlegen. Dieser Vorgang wird dreimal wiederholt. Anschließend den Hefeleig kühl stellen und nach ca. 30 Minuten auf Blechgröße ausrollen.

Zwetschgen entkernen und oben etwas einschneiden. Je nach Reife der Früchte mehr oder weniger geriebene Löffelbiskuits, gegebenenfalls Semmelbrösel, aufstreuen.

Den Teig wie gewohnt dick mit Früchten belegen und backen. Mit einem Messer nach der Backzeit den Boden etwas anheben, um zu sehen, ob er eine goldgelbe Farbe hat. Noch heiß mit Zimtzucker überstreuen.

Am Anfang der Saison sind die Früchte in den meisten Fällen noch sehr fest. In diesem Falle vor dem Backen mit Zimtzucker bestreuen.

So entsteht ein Hefeblätterteig für den Zwetschgendatschi:

1 Teig mit ganz wenig Mehl ausrollen, die flachgedrückte Butter auf die Hälfte des Teiges legen und den Teig darüberschlagen.

2 Teig wieder ausrollen, möglichst ohne oder mit ganz wenig Mehl und bis zu 2/3 einschlagen.

3 Die andere Teighälfte darüberlegen. Den Vorgang von Bild 2 und 3 dreimal wiederholen.

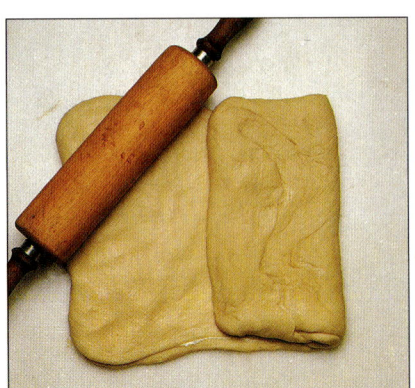

Die Butter mit dem Mehl zwischen den Händen verreiben. Zucker, Salz und Milch zugeben und zu einem Teig kneten.
Ca. 1 Stunde abgedeckt im Kühlschrank entspannen lassen.
Ausrollen und in die gebutterte Kuchenform legen. Dieser Teig ist sehr dünn und der Kuchen vermittelt dadurch ein ganz besonderes Geschmackserlebnis.
Geriebene Löffelbiskuits auf den Teig streuen.
Zwetschgen entsteinen, dreimal einschneiden und ganz dicht, fast senkrecht, auflegen.
Im vorgeheizten Ofen backen, bis der Boden goldgelb ist.

Sind die Zwetschgen sehr reif, empfiehlt es sich, die Backofentüre während des Backens mit einem Kochlöffel etwas offen zu halten. So kann der Dampf entweichen und der Boden wird nicht speckig.
Aus dem Ofen genommen, sofort mit Zimtzucker überstreuen.

Geriebener Teig:
125 g Butter
250 g Mehl
60 g Zucker
Prise Salz
70 ml Milch

Zum Aufstreuen:
100 g geriebene Löffelbiskuits

Zum Überstreuen:
100 g Zucker
1 TL Zimt

Belag:
ca. 1,5—2 kg Zwetschgen

Form:
runde Kuchenform,
⌀ ca. 30 cm

Backzeit:
Elektro: 180 — 40 Minuten
Gas: 2-3 — 40 Minuten
Umluft: 170 — 35 Minuten

1 Butter im Mehl verreiben und mit den anderen Zutaten einen Teig kneten.

2 Teig ausrollen und eine flache gebutterte Kuchenform damit auslegen.

3 Zwetschgen sehr dicht auf den mit geriebenen Löffelbiskuits bestreuten Teig legen.

38 · Zwetschgenbuchteln

Buchtelteig:
140 ml Milch
20 g Hefe
340 g Mehl
1 Ei, 1 Eigelb
3 cl Rum
40 g Zucker
1 Prise Salz
Abrieb von 1/4 Zitrone
80 g Butter

10 Zwetschgen

Zimtzucker:
100 g Zucker
1/2 TL Zimt

150 g Butter zum Tauchen und Abpinseln

Puderzucker zum Übersieben

Vanillesauce:
200 ml Milch
200 ml Sahne
3 Eigelb, 30 g Zucker
8 g Stärkepuder
Mark einer 1/2 Vanilleschote

Form:
Backform mit hohem Rand oder Pfanne, ca. 40 x 15 cm

Backzeit:
Elektro: 180 — 30 Minuten
Gas: 2-3 — 30 Minuten
Umluft: 170 — 27 Minuten

Buchtelteig wird wie Hefeteig hergestellt:
In einer Schüssel die Milch etwas anwärmen und die Hefe darin auflösen. Alle restlichen Zutaten in diese Schüssel geben. Mit den Knethaken der Küchenmaschine zu einem Teig kneten. Ist dieser schön glatt und schlägt Blasen, mit einem Tuch abdecken und ca. 60 Minuten (je nach Raumtemperatur) ruhen lassen.
In der Zwischenzeit von reifen Zwetschgen durch einen kleinen Schnitt den Kern entfernen. Durch diese Schnittstelle wird in die Zwetschgen Zimtzucker gefüllt.
Den Hefeteig zu einem Strang formen, 10 Portionen abteilen und die Früchte darin einschlagen. Pfanne oder Form kräftig ausbuttern und mit Zimtzucker bestreuen. Die gefüllten Buchteln werden in flüssige, warme Butter getaucht und in die Form gesetzt. Nach ca. 40—50 Minuten Ruhezeit an einem warmen Ort — der Hefeteig muß 3/4 der Pfannenhöhe oder der Form erreicht haben — in den vorgeheizten Ofen schieben und goldgelb backen.
Wenn die Buchteln aus dem Ofen kommen, sofort mit der restlichen heißen Butter bepinseln und mit Puderzucker übersieben.

Für die *Vanillesauce* werden Milch, Sahne, Eigelb, Zucker, Stärkepuder und das Mark einer halben Vanillesschote in einem Kessel im Wasserbad aufgeschlagen, bis die Masse sämig ist.

1 Zwetschgen halb aufschneiden, entkernen und Zimtzucker einstreuen.

2 Hefeteigportionen abteilen, flach drücken und die Zwetschgen darin einschlagen.

3 Die gefüllten Buchteln in warme Butter tauchen und in die Form oder Pfanne legen.

Mürbteig:
300 g Mehl
  50 g geriebene Haselnüsse
1 TL Zimt
100 g Zucker
1 Eigelb
200 g Butter

1,4 kg Weintrauben

Weincreme:
400 ml Weißwein
  30 g Zucker
2 Eigelb
Saft einer Zitrone
40 g Stärkepuder
2 Blatt Gelatine
3 Eiweiß
80 g Zucker

1 Päckchen Tortenguß

100 g gehobelte, geröstete
Mandeln

Form:
Tortenring oder Springform,
⌀ ca. 28 cm

Backzeit:
Elektro: 180 — 13 Minuten
Gas: 2-3 — 13 Minuten
Umluft: 170 — 11 Minuten

Für den Nußmürbteig das Mehl, die geriebenen Nüsse und Zimt abwiegen und einen Kranz bilden. Zucker, Eigelb und Butter zugeben. Alles zu einem Teig kneten und ca. 1/2 Stunde kühlstellen (vgl. »Buttermürbteig« Seite 12).

Nußmürbteig ausrollen, mit einem Tortenring ausstechen und auf das Backblech legen. Den restlichen Teig zu einem Strang formen, einen flachen Rand damit drücken und den Boden im Ofen goldgelb backen.

Kernlose Weintrauben abzupfen und waschen, große Trauben schälen, bzw. mit einem kleinen Messer die Haut abziehen.

Weißwein, Zucker, Eigelb, Saft der Zitrone und Stärkepuder unter ständigem Rühren zum Kochen bringen. Die eingeweichte, gut ausgedrückte Gelatine dazugeben und gut durchrühren.

Eiweiß und Zucker zu Schnee schlagen und unter die noch heiße Creme heben.

Zum Schluß die Hälfte der Weintrauben dazugeben.

Auf den Mürbteigboden verteilen, glattstreichen und abkühlen lassen.

Die restlichen Früchte auf die Creme legen und mit Tortenguß überziehen.

Den Rand mit gehobelten, gerösteten Mandeln bestreuen.

1 Alle Zutaten zu einem Teig kneten.

2 Teig ausrollen, mit einem Tortenring ausstechen, vom restlichen Teig einen Strang formen und darum legen.

3 Unter die heiße Weincreme das geschlagene Eiweiß heben.

4 Weintrauben unter die Creme rühren und auf den Mürbteigboden verteilen.

40 · Preiselbeerkuchen

Teig:
550 g Butter
100 g Staubzucker
Mark von 1/2 Vanilleschote
Abrieb von 1/2 Zitrone
650 g Mehl
5 Eigelb

Für die Füllung:
500 g Preiselbeermarmelade
450 g frische Preiselbeeren

Zum Bestreichen:
1 verquirltes Ei

Form:
flache Kuchenform mit Rand,
⌀ ca. 28 cm oder Tortenring,
bzw. Springform

Backzeit:
Elektro: 180 — 45 Minuten
Gas: 2–3 — 45 Minuten
Umluft: 170 — 40 Minuten

Butter, Puderzucker, das Mark einer halben Vanilleschote und das Abgeriebene einer halben Zitrone mit der Küchenmaschine glattrühren. Mit dem Mehl und den Eigelben zu einem Teig kneten, 1—2 Stunden im Kühlschrank gut kühlen lassen.

Die Hälfte des Teiges ausrollen und den Boden einer Form damit belegen. Ca. 1/4 des restlichen Teiges zu einer Rolle formen und einen kleinen Rand innerhalb des Tortenringes drücken.

Im Ofen nur kurz anbacken, bis der Boden eine ganz leichte Farbe hat.

Preiselbeermarmelade auf den Boden streichen. Frische Preiselbeeren aufstreuen. Den restlichen Teig ausrollen, ca. 1 cm breite Streifen schneiden und zu einem Gitter legen. Dieses Gitter mit einem verquirlten Ei bestreichen und den Kuchen in den heißen Ofen schieben.

1 Die glattgerührte Butter, Zucker, Zitrone und Vanille mit dem Mehl und den Eigelben zu einem Teig kneten.

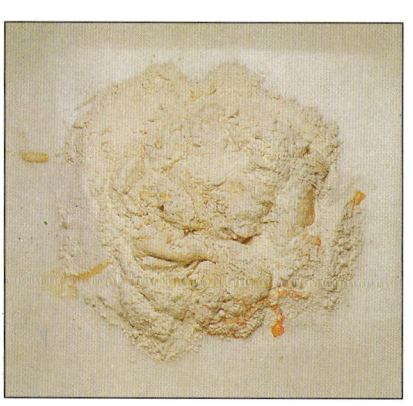

2 Auf den angebackenen Kuchen Marmelade streichen und Früchte aufstreuen.

3 Den restlichen Teig ausrollen, Streifen schneiden und auflegen.

41 · Erntedank-Kuchen

Hefeteig:
140 ml Milch
25 g Hefe
350 g Mehl
40 g Zucker
6 g Salz
1 Ei
1 Eigelb
40 g Butter
Mark von 1/4 Vanilleschote
Abrieb von 1/4 Zitrone

Zum Aufstreuen:
50 g Semmelbrösel

Fruchtbelag:
650 g Äpfel
650 g Zwetschgen
40 g gestiftelte Mandeln

Zum Überpinseln:
80 g Butter

Zimtzucker:
60 g Zucker
1 Msp. Zimt

Form:
runde Kuchenform,
⌀ ca. 30 cm

Backzeit:
Elektro: 180 — 35 Minuten
Gas: 2-3 — 35 Minuten
Umluft: 170 — 30 Minuten

Ein einfacher, jedoch sehr saftiger und fruchtiger Kuchen:
Für den Hefeteig in einer Schüssel die Milch etwas anwärmen und die Hefe darin auflösen. Alle restlichen Zutaten in die Schüssel geben. Mit den Knethaken der Rührmaschine zu einem Teig kneten. Ist dieser schön glatt und schlägt Blasen, mit einem Tuch abdecken und ca. 30 Minuten je nach Raumtemperatur ruhen lassen (vgl. Grundrezept für leichten Hefeteig, Seite 8/9).
Danach ausrollen, in die gebutterte Form legen und nochmals ca. 30 Minuten gehen lassen.
Semmelbrösel auf den Teig streuen, Äpfel schälen, entkernen und in Schnitze schneiden, Zwetschgen halbieren. Beide Früchte durcheinander auflegen und gestiftelte Mandeln darüberstreuen. Mit lauwarmer Butter überpinseln und Zimtzucker darüberstreuen.
In den vorgeheizten Ofen schieben, backen, bis der Boden goldgelb ist.

1 Den Boden der Kuchenform mit dem ausgerollten Teig belegen.

2 Äpfel schneiden bzw. Zwetschgen halbieren.

3 Äpfel und Zwetschgen auflegen. Gestiftelte Mandeln darüber verteilen, mit Butter bepinseln und Zimtzucker darüberstreuen.

Hefeteig:
140 ml Milch
25 g Hefe
350 g Mehl
40 g Zucker
6 g Salz
1 Ei
1 Eigelb
40 g Butter
Mark von 1/4 Vanilleschote
Abrieb von 1/4 Zitrone

Fruchtbelag:
1 Birne
1 Quitte
1 Apfel
100 g Preiselbeeren
50 g Walnüsse
2 Orangen
8 frische Datteln

Zum Überpinseln:
100 g Butter

Zimtzucker:
50 g Zucker
1/2 TL Zimt

Form:
flache Kuchenform, ⌀ 30 cm

Backzeit:
Elektro: 180 — 35 Minuten
Gas: 2-3 — 35 Minuten
Umluft: 170 — 30 Minuten

Die Milch in einer Schüssel etwas anwärmen und die Hefe darin auflösen. Alle restlichen Zutaten in diese Schüssel geben. Mit den Knethaken der Rührmaschine zu einem Teig kneten. Wenn dieser schön glatt ist und Blasen schlägt, mit einem Tuch abdecken, 30 Minuten ruhen lassen.
Teig auf Blechgröße ausrollen, einlegen und nochmals an einem warmen Ort gehen lassen.
Früchte schneiden bzw. filieren und zusammen mit den Nüssen auflegen. Mit der aufgelösten warmen Butter abpinseln und in den vorgeheizten Ofen schieben.
Wenn der Boden goldgelb ist, aus dem Ofen nehmen und mit Zimtzucker überstreuen.

1 Mit dem Knethaken alle Zutaten zu einem glatten Teig verarbeiten.

2 Teig ausrollen und in die Form legen.

3 Früchte auflegen.

43 · Wiener Birnentorte

Sacherboden:
80 g Kuvertüre (Zartbitter)
80 g Butter
30 g Zucker
4 Eigelb
Prise Salz
90 g Mehl
1 gehäufter TL Backpulver
60 g gehobelte Mandeln
7 Eiweiß
50 g Zucker

Zum Bestreichen:
250 g Preiselbeermarmelade

Zum Bestreuen:
30 g Löffelbiskuits

Belag:
9—10 Birnen
1 Päckchen Tortenguß
100 g gehobelte, geröstete
Mandeln

Zum Blanchieren der Früchte:
1 Liter Wasser
Saft einer halben Zitrone
80 g Zucker
1 Zimtstange

Form:
Springform oder Tortenring
⌀ 28 cm

Backzeit:
Elektro: 180 — 30 Minuten
Gas: 2-3 — 30 Minuten
Umluft: 170 — 27 Minuten

Kuvertüre fein schneiden und im Wasserbad auflösen.
Butter, Zucker, Eigelb und Salz mit der Küchenmaschine schaumig rühren. Mehl, Backpulver und gehobelte Mandeln vermischen. Eiweiß mit dem Zucker zu Schnee schlagen. Die aufgelöste, sehr warme Kuvertüre mit dem Schneebesen in die schaumige Butter rühren, anschließend das Eiweiß und das Mehl unterheben. In die gebutterte und leicht bemehlte Form geben und glattstreichen.
In den vorgeheizten Ofen schieben und backen.
Nach dem Auskühlen den Boden halbieren und mit Preiselbeermarmelade füllen. Oberteil auflegen und nochmals dünn mit Marmelade bestreichen, mit geriebenen Löffelbiskuits bestreuen. Die Birnen auflegen. Mit weißem Geleeguß überziehen und den Rand mit gehobelten, gerösteten Mandeln bestreuen.
Frische Birnen geben dem Kuchen die besondere Geschmacksnote. Dazu die Birnen schälen, halbieren und vom Kernhaus befreien.
Wasser mit dem Saft einer halben Zitrone, Zucker und einer Zimtstange zum Kochen bringen, Zimtstange herausnehmen, die Birnen zugeben und auf kleiner Flamme ziehen lassen: 5—10 Minuten, je nch Größe und Art der Birnen. Um festzustellen, ob sie gar sind, kann man sie ab und zu mit einer Gabel anstechen. Rutschen sie leicht von dieser, sind sie fertig. Aus dem Wasser nehmen, abkühlen lassen und den Kuchen damit belegen.
Es können auch eingekochte oder Dosenbirnen verwendet werden.

1 Kuvertüre fein schneiden und im Wasserbad auflösen.

2 Die aufgelöste, warme Kuvertüre in die schaumige Buttermasse rühren.

3 Mehlmischung und geschlagenes Eiweiß unter die mit Kuvertüre gerührte Buttermasse heben.

4 Geschälte Birnen im kochenden Wasser 5–10 Minuten ziehen lassen, bis sie leicht von der Gabel rutschen.

5 Sacherboden waagrecht durchschneiden und mit Preiselbeermarmelade bestreichen.

1 Butter, Zucker und Marzipan-rohmasse glattrühren.

Gugelhupfform ausbuttern und mit Mehl bestäuben.

Mit der Küchenmaschine temperierte Butter, Marzipan und Zucker glattrühren. Das Mark einer halben Vanilleschote und das Abgeriebene einer halben Zitrone zugeben. Mehl und Backpulver mischen. Milch in einer Schüssel leicht anwärmen und die Eier dazuschlagen. Abwechselnd Eier mit Milch und Mehlmischung in die Buttermasse geben, glatt, aber nicht schaumig rühren.

Kakaopulver mit etwas Wasser zu einem dünnen Brei anrühren und unter 1/3 der Masse geben. Mit einem Löffel abwechselnd helle und dunkle Teigmasse in der Form verteilen.

Nach dem Backen und Auskühlen mit Staubzucker besieben oder mit Schokoladenglasur übergießen.

Marmormasse:
170 g Butter
40 g Marzipanrohmasse
250 g Zucker
Mark von 1/2 Vanilleschote
Abrieb von 1/2 Zitrone
330 g Mehl
2 gehäufte TL Backpulver
170 ml Milch
3 Eier
1 Eigelb

Dunkle Marmormasse:
20 g Kakaopulver
Wasser zum Anrühren

Puderzucker oder Schoko-
ladenglasur

Form:
Gugelhupfform

Backzeit:
Elektro: 180 — 55 Minuten
Gas: 2-3 — 55 Minuten
Umluft: 170 — 50 Minuten

2 Eier und Milch abwechselnd mit der Mehlmischung unterrühren.

3 1/3 der Marmorkuchenmasse unter das mit Wasser angerührte Kakaopulver rühren.

4 Schokoladenglasur im Wasserbad auflösen und den Kuchen damit übergießen und abpinseln.

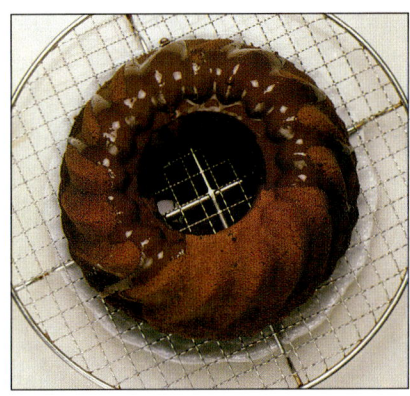

Mürbteig:
300 g Mehl
100 g Zucker
200 g Butter
Prise Salz
Mark von 1/4 Vanilleschote
Abrieb von 1/4 Zitrone
1 Eigelb

Belag:
1250 g Äpfel
  100 g Löffelbiskuits
  100 g Butter zum Bepinseln
   40 g Sultaninen

Sauce:
2 Eier
2 Eigelb
400 ml Sahne
  40 g Zucker
  30 g Stärkepuder
Abrieb von 1/2 Zitrone

1 Päckchen Tortenguß
1 cl Calvados

Form:
Springform, ⌀ 30 cm,
7 cm hoher Rand

Backzeit:
Elektro: 180 — 50 Minuten
Gas: 2-3 — 50 Minuten
Umluft: 170 — 45 Minuten

Für den Mürbteig das Mehl abwiegen und einen Kranz bilden. In die Mitte Zucker, Butter, Salz, das Mark von 1/4 Vanilleschote, das Abgeriebene von 1/4 Zitrone und das Eigelb geben. Alle Zutaten vermengen und zu einem Teig kneten. Eine Stunde kühlstellen (vgl. Buttermürbteig, Seite 12).
Nicht zu große Äpfel schälen, halbieren, vom Kernhaus befreien und oben mit parallel verlaufenden Schnitten ca. 1/2 cm tief einschneiden.
Boden und Rand einer hohen Kuchenform mit Mürbteig auslegen. Auf den Boden des Kuchens dicht Löffelbiskuits legen. Die halben Äpfel auflegen und mit heißer Butter überpinseln, Sultaninen darüberstreuen.
In einer Schüssel Eier, Eigelb, flüssige Sahne, Zucker, Stärkepuder und das Abgeriebene einer halben Zitrone glattrühren. Mit einer Schöpfkelle die Masse über die Äpfel verteilen.
Den Kuchen in den vorgeheizten Backofen schieben.
Nach dem Backen mit durchsichtigem Tortenguß abglänzen, welchem ein wenig Calvados zugesetzt wird.
Der Kuchen muß völlig ausgekühlt sein, bevor er aus der Form genommen wird.

1 Alle Zutaten für den Mürbteig abwiegen und zu einem Teig kneten.

2 Form mit Mürbteig auslegen und Löffelbiskuits dicht drauflegen.

3 Die oben eingeschnittenen Äpfel auflegen und mit heißer Butter überpinseln.

4 Sahnesauce gut verrühren.

5 Sultaninen über die Äpfel streuen und Sauce darübergießen.

Hefeteig:
180 ml Milch
25 g Hefe
450 g Mehl
55 g Zucker
7 g Salz
1 Ei
1 Eigelb
45 g Butter
Mark von 1/4 Vanilleschote
Abrieb von 1/4 Zitrone

Streusel:
200 g Butter
200 g Zucker
1 Msp. Zimt
1 Prise Salz
300 g Mehl

etwas Milch zum Bestreichen

Zum Überpinseln:
200 g Butter

Zum Überstreuen:
50 g Zucker, 2 Msp. Zimt

Form:
runde Kuchenform,
∅ ca. 30 cm

Backzeit:
Elektro: 180 — 25 Minuten
Gas: 2-3 — 25 Minuten
Umluft: 170 — 20 Minuten

Für den Hefeteig in einer Schüssel die Milch etwas anwärmen und die Hefe darin auflösen. Alle restlichen Zutaten in die Schüssel geben. Mit den Knethaken der Rührmaschine zu einem Teig kneten, mit einem Tuch abdecken und 60 Minuten ruhen lassen.

Butter, Zucker, Zimt und Salz glattrühren. Mit dem Mehl auf dem Backbrett (oder der Tischplatte) von Hand zu Streuseln zerreiben. Optisch schöner werden diese, wenn die angegebenen Zutaten zu einem Teig geknetet und gleichmäßig durch ein grobes Sieb gedrückt werden.

Teig rund ausrollen und in die Form legen. Mit Milch bestreichen und die Streusel aufstreuen. Ca. 1/2 Stund an einem warmen Ort gehen lassen und in den vorgeheizten Backofen schieben.

Wenn der Boden eine goldgelbe Farbe hat, den Kuchen aus dem Ofen nehmen und mit heißer Butter abtupfen.

Sofort mit kräftigem Zimtzucker überstreuen.

1 Die Hefe ist in der Milch aufgelöst. Alle Zutaten dazugeben und zu einem glatten Teig arbeiten.

2 Glattgerührte Butter, Zucker, Zimt und Salz mit dem Mehl zu Streuseln verarbeiten.

3 Hefeteig ausrollen und in die gebutterte Form legen.

4 Hefeteig mit Milch bestreichen und Streusel aufstreuen.

5 Nach dem Backen mit heißer Butter bepinseln und mit Zimtzucker überstreuen.

47 · Dattelkuchen

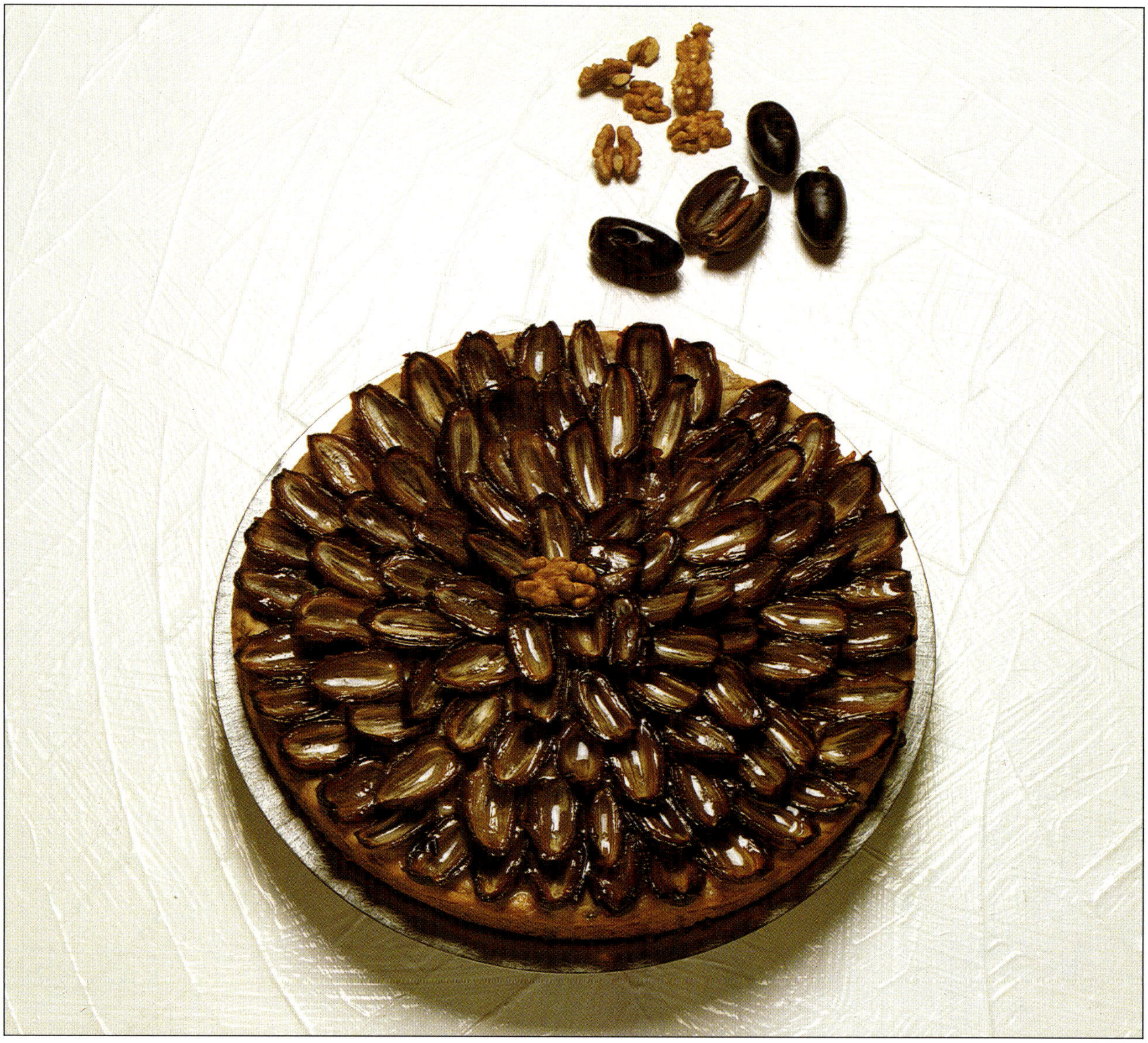

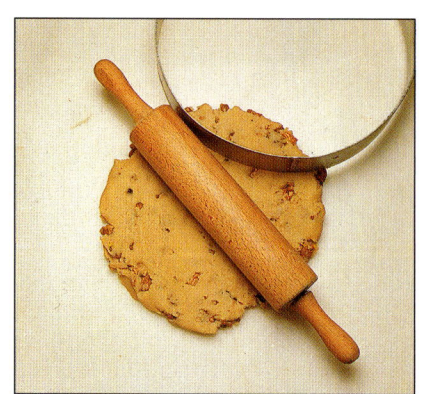

1 Die Walnüsse unter den Teig kneten.

2 Teig rund ausrollen in der Größe eines Tortenringes.

3 Den Walnußmürbteig mit Milch bestreichen und halbierte frische Datteln auflegen.

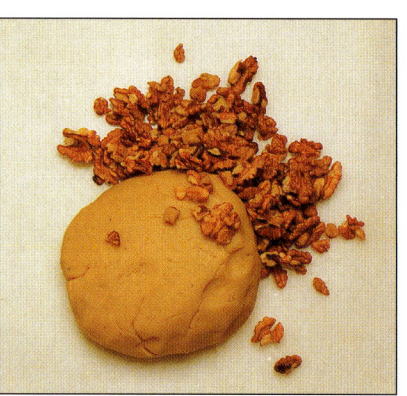

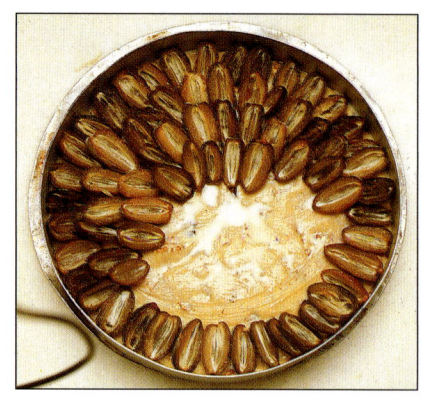

Für den Mürbteig das Mehl abwiegen und zu einem Kranz bilden.

In die Mitte Zucker, Butter, Salz, das Mark von 1/4 Vanilleschote, das Abgeriebene von 1/4 Zitrone und das Eigelb geben. Alle Zutaten vermengen und zu einem Teig kneten (vgl. Buttermürbteig, Seite 12). Zum Schluß die Walnüsse darunterarbeiten. Etwa 1 Stunde kühlstellen.

Einen Boden vom gesamten Teig ausrollen. Diesen dünn mit Milch bestreichen. Frische Datteln halbieren, entkernen und den Boden damit wie einen Obstkuchen belegen.

In den vorgeheizten Backofen schieben und backen, bis der Boden goldgelb ist.

Nach dem Abkühlen mit weißem Tortenguß überglänzen.

Bei verschiedenen Dattelsorten ist die Haut sehr fest. In diesem Falle die Datteln schälen.

Mürbteig:
300 g Mehl
100 g Zucker
200 g Butter
1 Prise Salz
Mark von 1/4 Vanilleschote
Abrieb von 1/4 Zitrone
1 Eigelb

130 g Walnüsse

Zum Belegen:
700 g Datteln
1 Päckchen Tortenguß

Form:
runde Kuchenform, ⌀ 30 cm

Backzeit:
Elektro: 180 — 25 Minuten
Gas: 2-3 — 25 Minuten
Umluft: 170 — 20 Minuten

Für den Mürbteig das Mehl abwiegen und einen Kranz bilden. In die Mitte Zucker, Butter, Salz, das Mark von 1/4 Vanilleschote, das Abgeriebene von 1/4 Zitrone und das Ei geben. Alle Zutaten vermengen und zu einem Teig kneten. 1 Stunde kühlstellen.
Eine flache Kuchenform buttern, den Mürbteig darin auslegen und backen.
Milch, Zucker, Eigelb, Stärkepuder, das Mark einer halben Vanilleschote in einem Topf unter ständigem Rühren zum Kochen bringen. Die heiße Vanillecreme auf den gebackenen Mürbteig geben und glattstreichen. Geriebene Löffelbiskuits aufstreuen.
Frische Früchte, je nach Saison, schneiden, filieren oder schälen und auflegen. Weißen Tortenguß darüber geben.
Es ist etwas schwierig diesen Kuchen, da er sehr zart ist, aus der Form zu nehmen. Es empfiehlt sich daher, eine flache Form zu verwenden, in der er auch serviert wird.
Ein solcher Kuchen schmeckt zu jeder Jahreszeit. In den Wintermonaten bieten sich folgende frische Früchte an: Äpfel, Orangen, Ananas, Datteln, Trauben und Walnüsse.
In den Sommermonaten: Aprikosen, Birnen, Erdbeeren, Kirschen, Johannisbeeren, Brombeeren usw.

Mürbteig:
300 g Mehl
100 g Zucker
200 g Butter
Prise Salz
Mark von 1/4 Vanilleschote
Abrieb von 1/4 Zitrone
1 Ei

Vanillecreme:
1 l Milch
80 g Zucker
2 Eigelb
70 g Stärkepuder
Mark von 1/2 Vanilleschote

Zum Bestreuen:
30 g geriebene Löffelbiskuits

Belag:
Früchte der Saison

1 Päckchen Tortenguß

Form:
flache Kuchenform,
⌀ ca. 30 cm

Backzeit:
Elektro: 180 — 12 Minuten
Gas: 2-3 — 12 Minuten
Umluft: 170 — 10 Minuten

1 Alle Zutaten zu einem Teig verarbeiten.

2 Die heiße Vanillecreme auf den gebackenen Mürbteigboden mit Rand geben und verstreichen.

3 Frische Früchte je nach Saison auflegen und mit weißem Tortenguß abglänzen.

49 · Christstollen

400 g Sultaninen
  50 g gestiftelte Mandeln
  75 g gewürfeltes Zitronat u.
  Orangeat
100 ml Rum

Hefeteig:
160 ml Milch
  50 g Hefe
600 g Mehl
200 g Butter
  75 g Zucker
  10 g Salz
Abrieb von 1 Zitrone
Mark von 1 Vanilleschote
1 Ei

Zum Bestreichen:
150 g Butter

Puderzucker oder
Zucker nach Wahl

Form:
Backblech oder
Stollen(Brot-)form

Backzeit:
Elektro: 180 — 55 Minuten
Gas: 2-3 — 55 Minuten
Umluft: 170 — 45-50 Minuten

Sultaninen, gestiftelte Mandeln, gewürfeltes Zitronat und Orangeat in einer Schüssel mit Rum übergießen, gut verschlossen über Nacht ziehen lassen.

Vorteig/Hefestück: Die Milch anwärmen, Hefe darin auflösen, mit einem Teil des Mehls einen dicken Brei anrühren. Abgedeckt warm stellen.

Butter, Zucker, Salz, das Abgeriebene einer Zitrone, das Mark einer Vanilleschote und das Ei schaumig rühren.

Das restliche Mehl und das Hefestück zugeben und mit den Knethaken der Rührmaschine zu einem Teig kneten. Nun den Teig kräftig durcharbeiten, man sagt auch abschlagen. Dies geschieht am besten auf der Tischplatte. Ist der Teig richtig glatt und geschmeidig, abgedeckt ca. 60 Minuten ruhen lassen.

Danach die Früchte darunterdrücken. Nach einer nochmaligen Ruhepause von ca. 40 Minuten einen Stollen formen oder den Teig in eine Form drücken.

Nun darf der Stollen nur noch ganz schwach gehen.

In den vorgeheizten Backofen schieben und backen.

Noch im heißen Zustand mit der aufgelösten warmen Butter bepinseln und zuckern.

1 Vorteig (Hefestück) aus Milch, Hefe und einem Teil des Mehls.

2 Glattgerührte Butter–Zucker–Eiermischung unter das Hefestück geben.

3 Früchte unter den glatten und ausgeruhten Teig drücken.

4 Teig in eine Stollenform drücken oder von Hand mittels einer Holzrolle formen.

5 Fertig geformter Stollen. Teig zuerst von unten nach oben legen, dann das dickere Teigstück darüberschlagen.

50 · Nürnberger Gewürzkuchen

Gewürzmasse:
100 g Sultaninen
5 cl Rum

330 g Mehl
20 g Backpulver
20 g Kakaopulver
40 g Lebkuchengewürz

180 g Butter
250 g Zucker
3 Eier
1 Eigelb
Mark von 1/2 Vanilleschote
170 ml Milch

Zum Ausstreuen:
Löffelbiskuits

Backform:
Gugelhupfform

Backzeit:
Elektro: 180 — 50 Minuten
Gas: 2-3 — 50 Minuten
Umluft: 170 — 45 Minuten

Sultaninen mit Rum übergießen und abgedeckt über Nacht im Kühlschrank stehen lassen.

Mehl, Backpulver, Kakaopulver und Lebkuchengewürz abwiegen und mit den abgetropften Sultaninen zusammen vermischen.

Mit den Rührbesen der Küchenmaschine zimmerwarme Butter und Zucker schaumig rühren. Eier, Eigelb, Vanille und Milch nach und nach langsam zugeben. Mit dem Kochlöffel die Mehlmischung unter die Buttermasse heben. Nur kurz glattrühren und in die gebutterte, mit Löffelbiskuitbröseln ausgestreute Gugelhupfform geben.

In den vorgeheizten Ofen schieben und backen.

Nach dem Erkalten kann der Gewürzkuchen mit Puderzucker besiebt oder mit Schokolade überzogen werden.

1 Sultaninen mit Rum übergießen und abgedeckt über Nacht ziehen lassen.

2 Butter und Zucker schaumig rühren, Eier, Eigelb und Vanille zugeben.

3 Mehlmischung mit dem Kochlöffel unter die Buttermasse rühren.

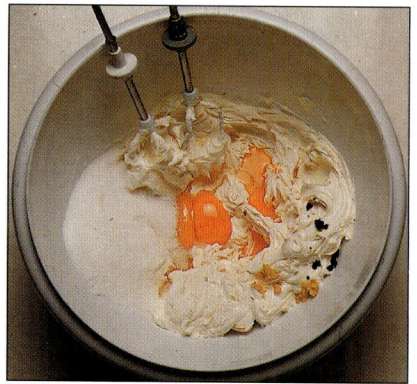

4 Masse in die gebutterte und mit
Löffelbiskuitbröseln ausgestreute Form
füllen.

1 Hefe ist aufgelöst.
Mit allen Zutaten zu einem glatten Teig
arbeiten und abgedeckt ruhen lassen.

Für den Hefeteig in einer Schüssel die Milch etwas anwärmen und die Hefe darin auflösen. Alle Zutaten in die Schüssel geben. Mit den Knethaken der Rührmaschine zu einem Teig kneten und 60 Minuten ruhen lassen.

In der Zwischenzeit Äpfel schälen, entkernen und Schnitze schneiden. Etwas säuerliche Backäpfel eignen sich am besten.

Den Teig rund ausrollen, die gebutterte Form ohne Rand auslegen und nochmals ca. 20 Minuten gehen lassen. Apfelschnitze auflegen und mit heißer Butter abpinseln. Zimtzucker darüber streuen und zum Backen in den Ofen schieben.

In einer Schüssel Zucker, Butter, Bienenhonig und Milch kurz aufkochen und die gehobelten Mandeln darunterheben. Nach ca. 30 Minuten Backzeit den Kuchen kurz aus dem Ofen nehmen und mit einem Löffel die heiße Florentinermasse auf den heißen Kuchen verteilen. In den Ofen schieben und fertig backen, bis die Florentinermasse goldgelb ist.

Hefeteig:
140 ml Milch
25 g Hefe
350 g Mehl
40 g Zucker
6 g Salz
1 Ei
1 Eigelb
40 g Butter
Mark von 1/4 Vanilleschote
Abrieb von 1/4 Zitrone

1,7 kg Äpfel

Zum Abpinseln:
50 g Butter

Zimtzucker:
30 g Zucker
1 Msp. Zimt

Florentinermasse:
50 g Zucker
50 g Butter
30 g Bienenhonig
20 ml Milch
60 g gehobelte Mandeln

Form:
runde Kuchenform,
⌀ ca. 30 cm

Backzeit:
Elektro: 180 — 40 Minuten
Gas: 2-3 — 40 Minuten
Umluft: 170 — 35 Minuten

2 Apfelschnitze nach Belieben auflegen.

3 Zutaten für die Florentinermasse aufkochen und die Mandeln darunterheben.

4 Nach ca. 30 Minuten Backzeit die heiße Florentinermasse auf dem Kuchen verteilen und fertigbacken.

Für den Hefeteig in einer Schüssel die Milch etwas anwärmen und die Hefe darin auflösen. Alle restlichen Zutaten in die Schüssel geben. Mit dem Knethaken der Rührmaschine zu einem Teig kneten, bis er Blasen schlägt. Mit einem Tuch abdecken und 60—70 Minuten je nach Raumtemperatur ruhen lassen (siehe Grundrezept für leichten Hefeteig, Seite 8/9).

Ausrollen, den Boden der gebutterten Form damit auslegen und nochmals 20 Minuten gehen lassen.

In der Zwischenzeit Sahne und Milch zusammen aufschlagen und den gut gegangenen Hefeteig damit bestreichen.

Butter und Staubzucker mit der Küchenmaschine schaumig rühren und mit einem Kaffeelöffel darüber verteilen. Gehobelte Mandeln aufstreuen und als letztes Zimtzucker darübergeben. Im vorgeheizten Ofen backen, bis der Boden und die Oberfläche goldgelb sind.

Eine runde Form (siehe Bilder 1 bis 3) oder ein Kuchenblech (siehe nebenstehende Farbtafel) eignen sich gleichermaßen.

Hefeteig:
140 ml Milch
25 g Hefe
350 g Mehl
40 g Zucker
6 g Salz
1 Ei
1 Eigelb
40 g Butter
Mark von 1/4 Vanilleschote
Abrieb von 1/4 Zitrone

Belag:
150 ml Sahne
50 ml Milch

125 g Butter
20 g Staubzucker

Zum Aufstreuen:
50 g gehobelte Mandeln

Zimtzucker:
50 g Zucker
1 Msp. Zimt

Form:
runde Form, ⌀ ca. 30 cm oder
Kuchenblech, 28 x 28 cm

Backzeit:
Elektro: 180 — 25 Minuten
Gas: 2-3 — 25 Minuten
Umluft: 170 — 20 Minuten

1 Sahne und Milch aufschlagen und auf dem fertig ausgerollten Hefeteig verteilen.

2 Butter und Zucker sind schaumig gerührt und werden mit dem Löffel verteilt.

3 Zuerst die gehobelten Mandeln, danach den Zimtzucker aufstreuen.

Kuchen und Torten – rund um's Jahr

Rezepte von A bis Z